VON OBEN
HALLE

Marcus-Andreas Mohr

HALLE VON OBEN

mitteldeutscher verlag

Für meine Kinder Bruno, Carlo und Olga

»HALLE VON OBEN« ist eine Annäherung an die größte Stadt Sachsen-Anhalts aus der Vogelperspektive. Marcus-Andreas Mohr hat seine Heimatstadt schon aus vielerlei Perspektiven betrachtet und abgebildet; sie von oben zu porträtieren, war dabei eine ganz besondere Herausforderung. Im Normalfall fliegt ein Kleinflugzeug, aus dem das Fotografieren möglich ist, eine konstante Geschwindigkeit bei gleichbleibender Flughöhe. Fliegt man entlang der längsten Ausdehnung von Nord nach Süd über die Stadt, dauert der Flug nicht einmal fünf Minuten. Hat man die Ambition, die Stadtlandschaft umfassend wiederzugeben und dabei auch noch Prioritäten und Akzente setzen zu wollen, muss man mehrmals in die Luft und mehrere Rundflüge unternehmen.

Die Anordnung der Bilder folgt jedoch keinem Prinzip eines Rundfluges – dies ließe allein die geografische Ausdehnung Halles nicht so einfach zu. Vielmehr sind die Luftbildmotive nach den vier Himmelsrichtungen grob geordnet. Dabei wird über dem historischen Stadtkern in Richtung Osten gestartet und entgegen dem Uhrzeigersinn über alle Stadtgebiete geflogen – Markt, Rannischer Platz, Riebeckplatz, Paulusviertel, Frohe Zukunft, Trotha, Kröllwitz, Heide-West, Weinberge, Halle-Neustadt, Peißnitz, Rabeninsel, Südstadt, Silberhöhe, Ammendorf, Pfännerhöhe und südliche Altstadt.

Und fast immer findet sich Altes neben Neuem: Zwangsläufig schmiegen sich die Franckeschen Stiftungen an die Hochstraße. Der über 120 Jahre alte Hauptbahnhof liegt wie auf einer Insel neben der neu gestalteten Kreisverkehrslösung über drei Ebenen auf dem Riebeckplatz. Die Neubebauung der »Spitze« mit der Konzerthalle und dem Landesfunkhaus des MDR macht aus der Luft gesehen ihrem Namen alle Ehre und bildet die optische Verlängerung des historischen Marktplatzensembles mit dem Roten Turm, der Marktkirche und dem Hallmarkt. Unweit davon lässt sich an der Saale die Saline als einstige Fabrikanlage mit mächtigem Schornstein ausmachen, der gegenüber eine moderne Architektur das Mitteldeutsche Medienzentrum beherbergt. Dabei muss man Alt und Neu gar nicht im Vergleich zweier Bauwerke nebeneinander suchen; am Beispiel des Kunstmuseums Moritzburg zeigt sich gerade beim Blick aus der Luft, wie alte und neue Architektur miteinander harmonieren können.

▼ Blick über den Marktplatz mit Rotem Turm und Marktkirche im Zentrum

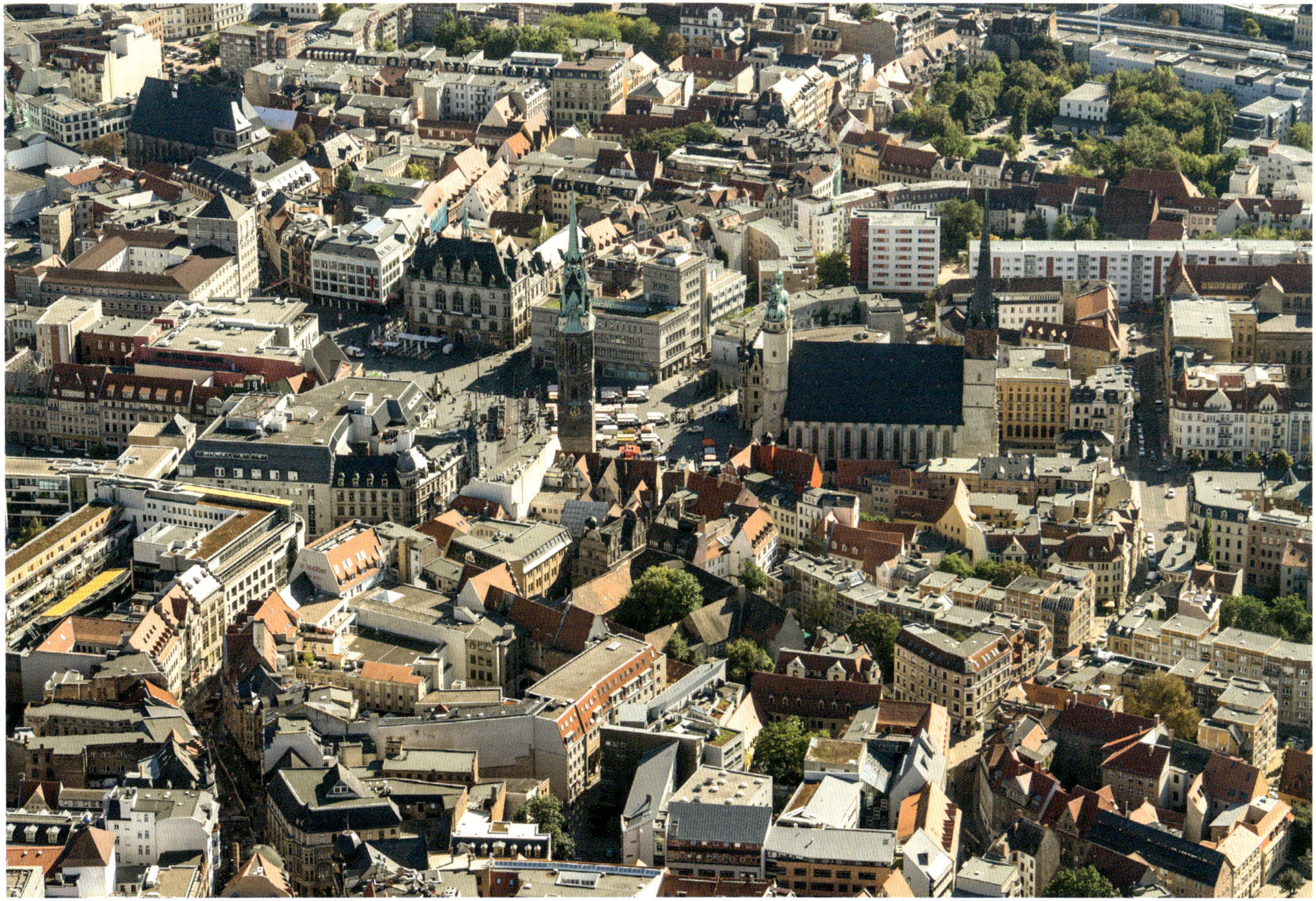

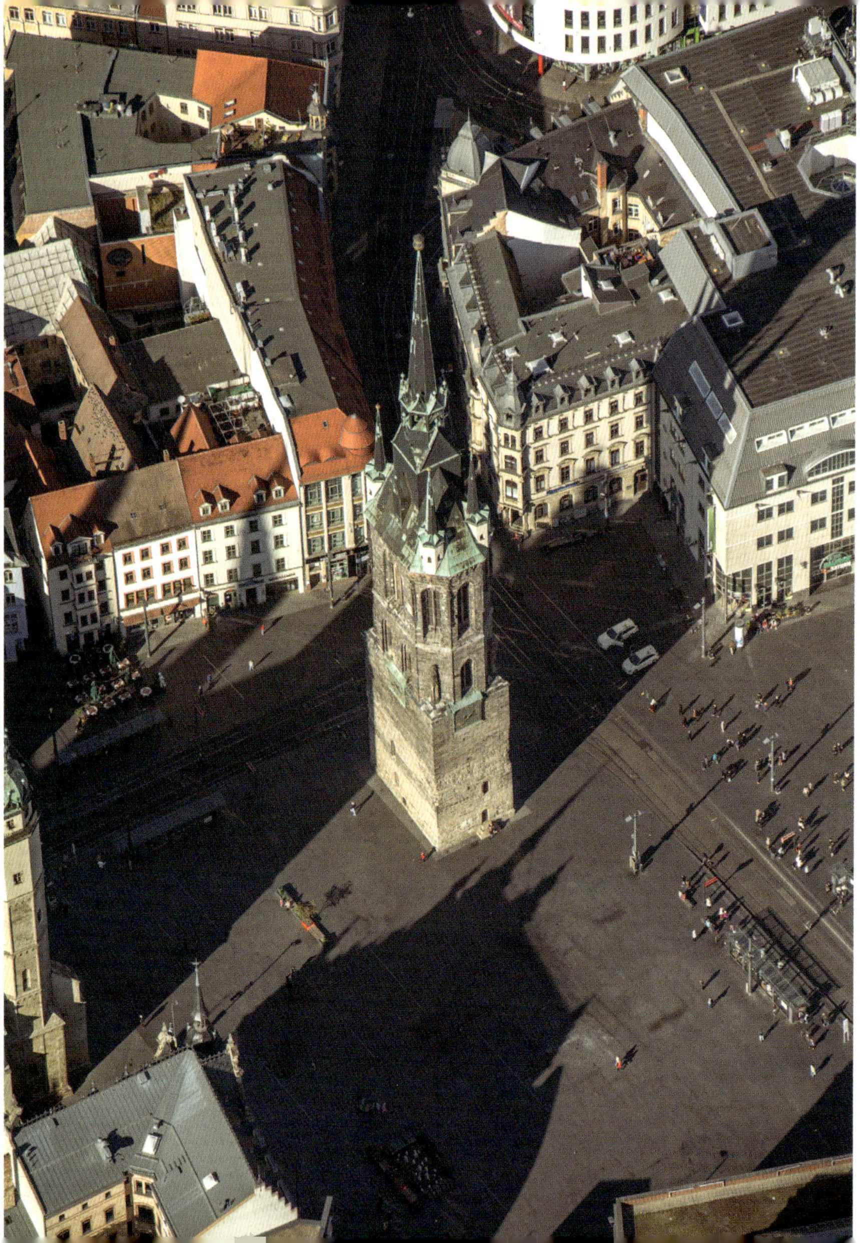

◄ Der Rote Turm auf dem Marktplatz

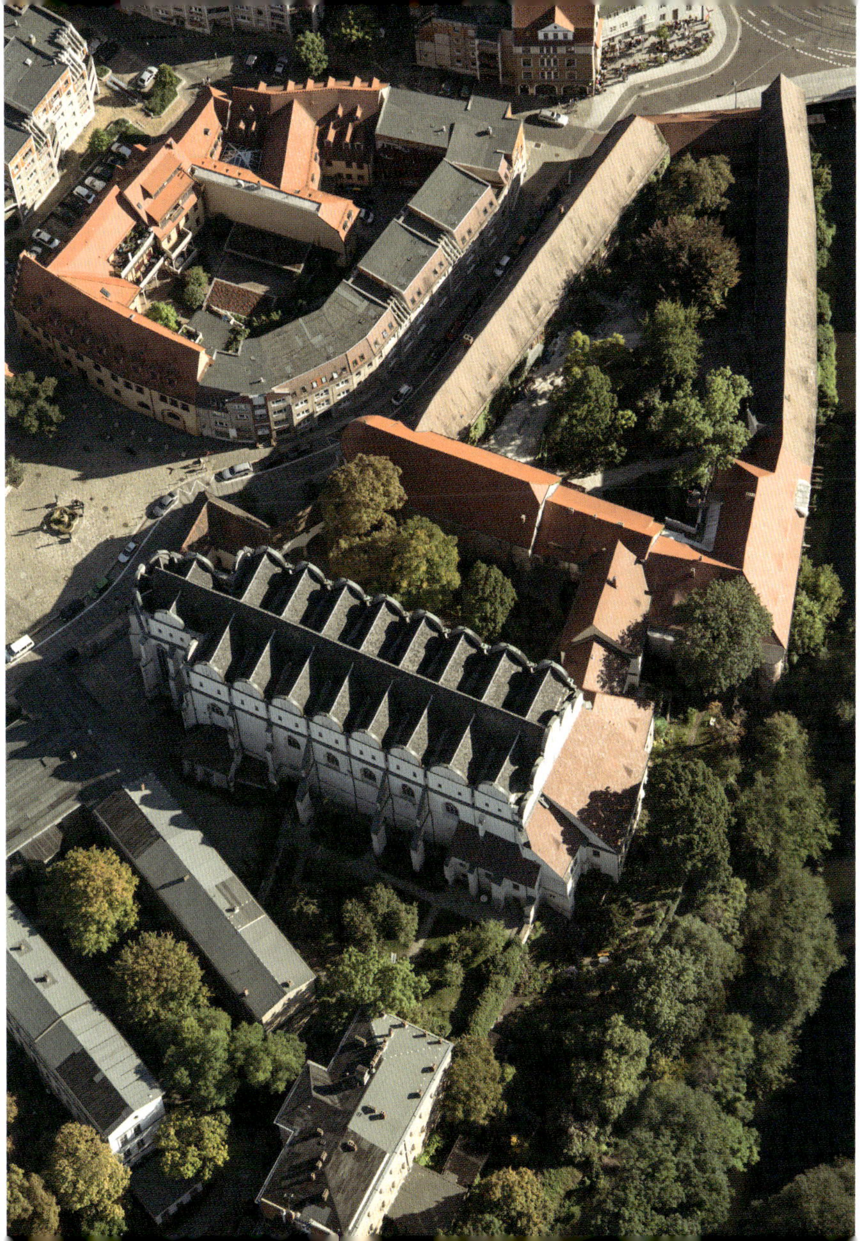

▸ Dom und Neue Residenz

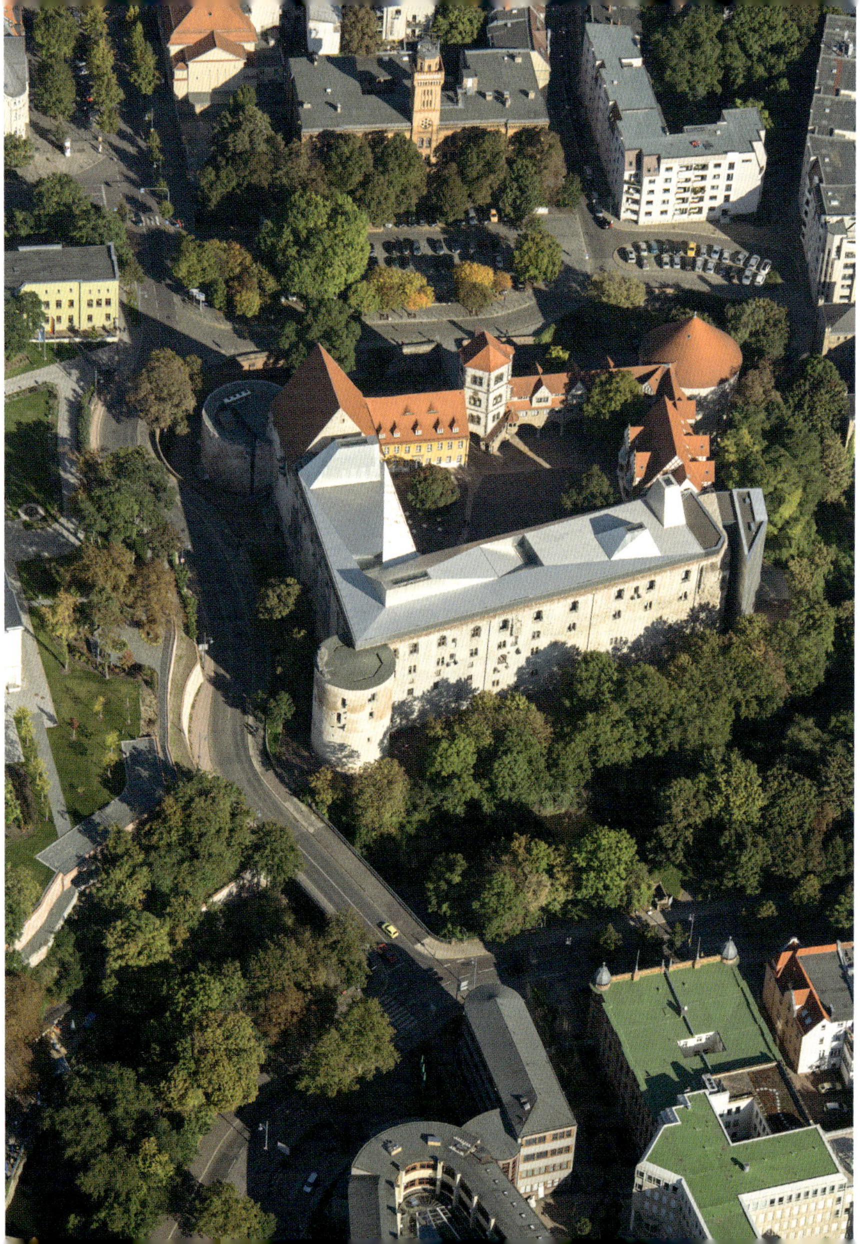

◀ Die Moritzburg mit der modernen neuen Dachkonstruktion des Kunstmuseums

▼ Die sanierten Franckeschen Stiftungen

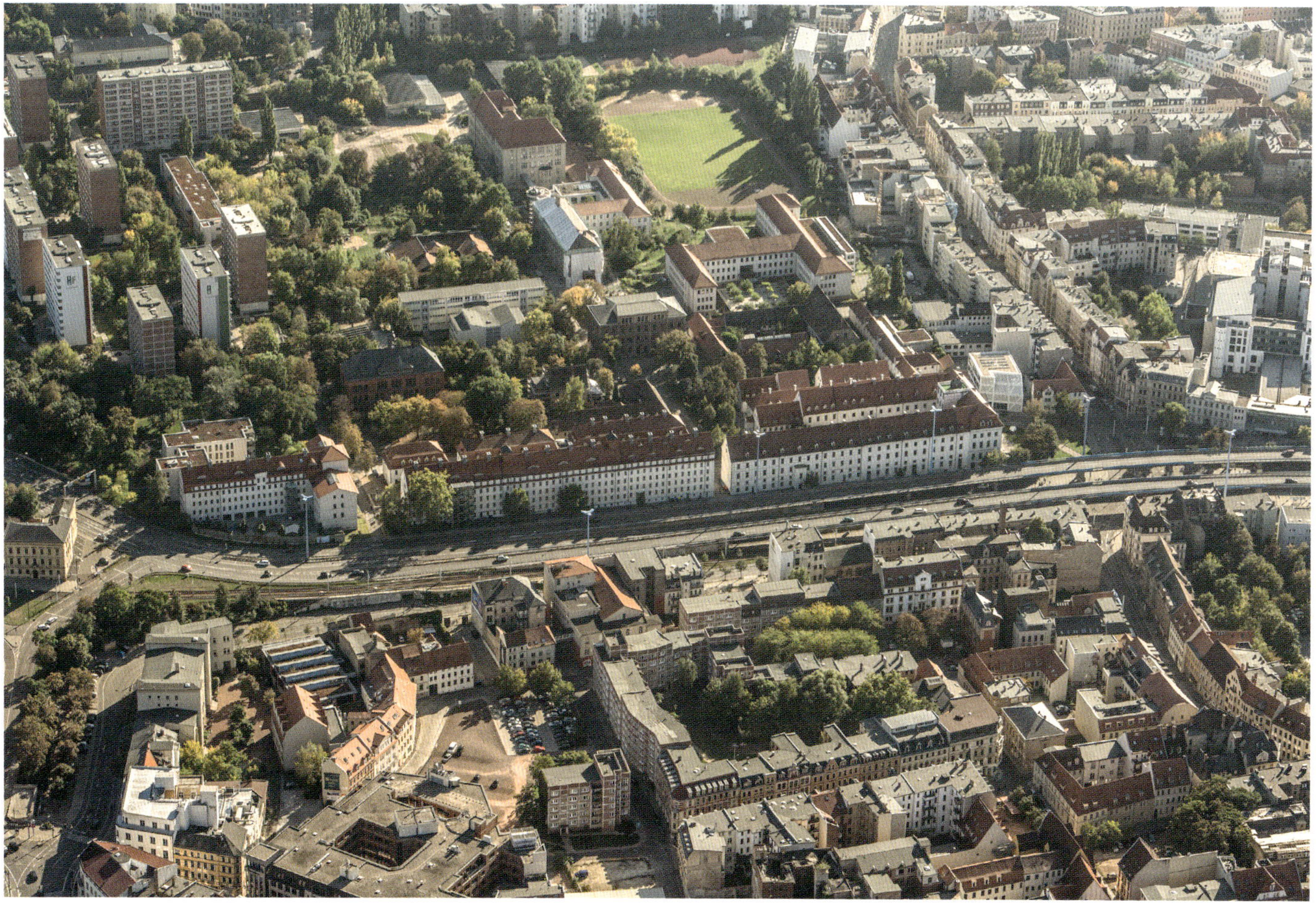

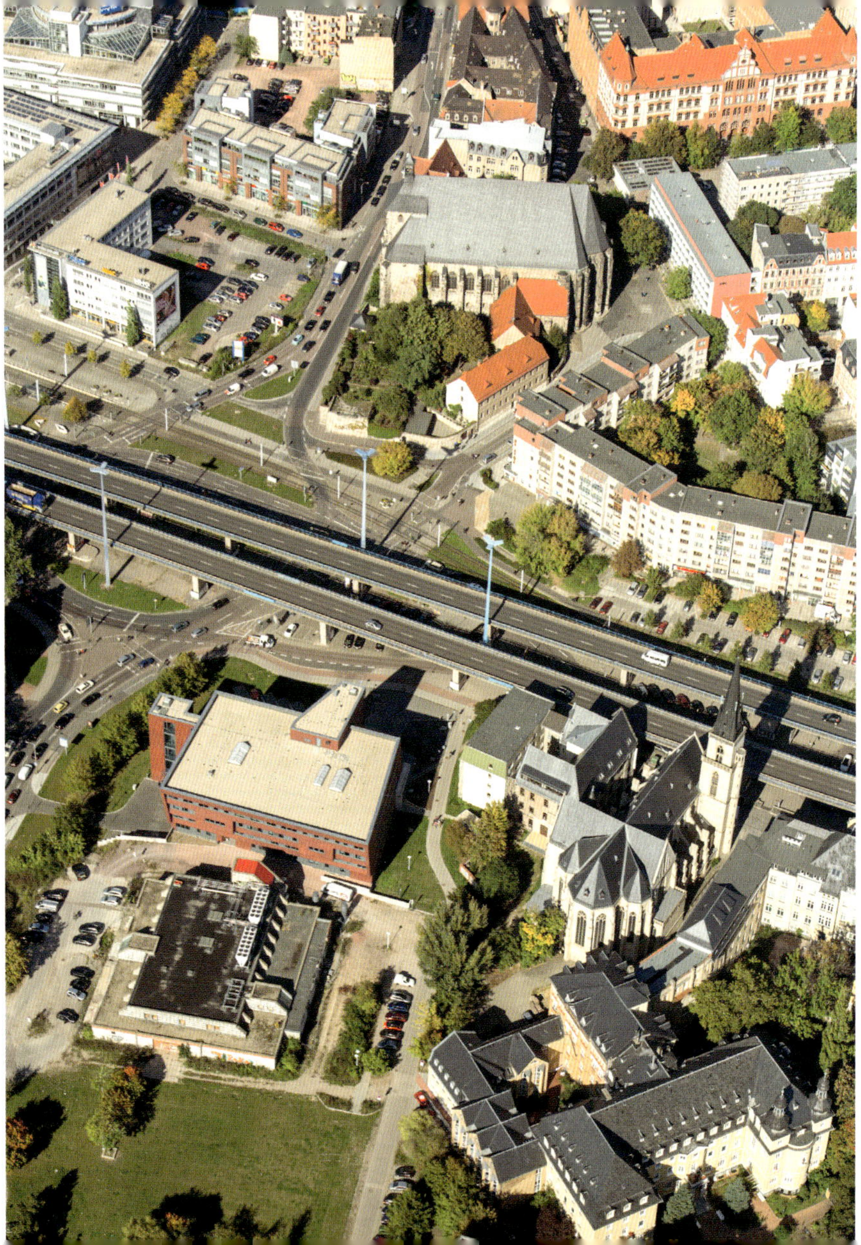

◄ Elisabethkirche- und Krankenhaus, links die Saaleklinik, gegenüber die Moritzkirche

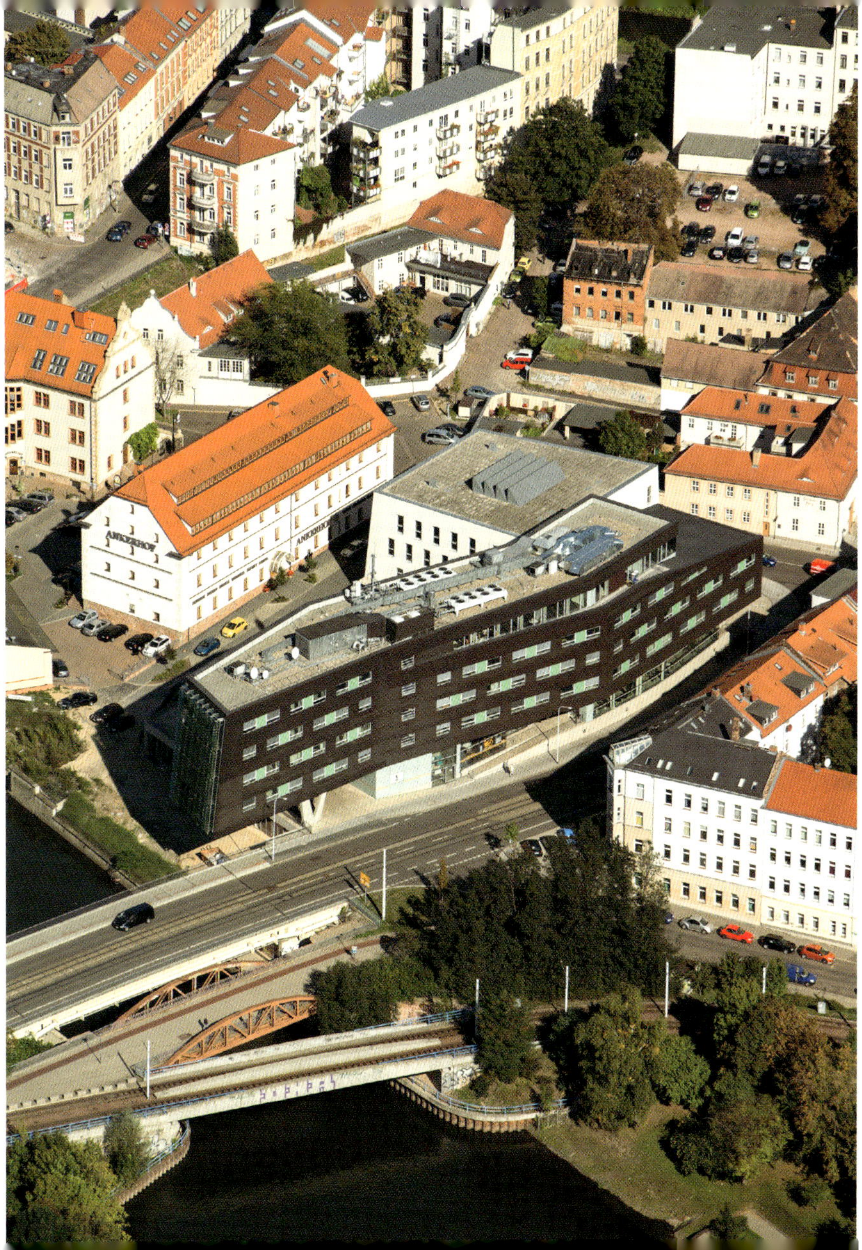

▶ Das Mitteldeutsche Multimediazentrum in der Mansfelder Straße

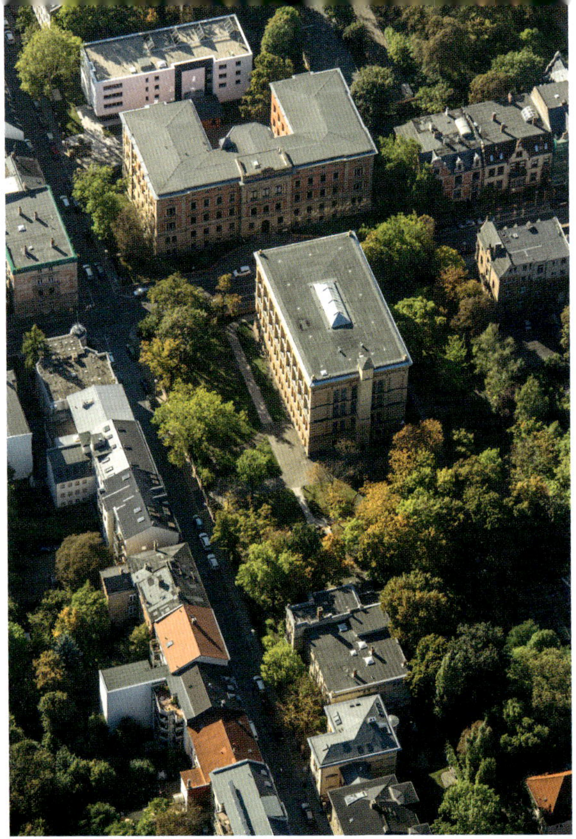

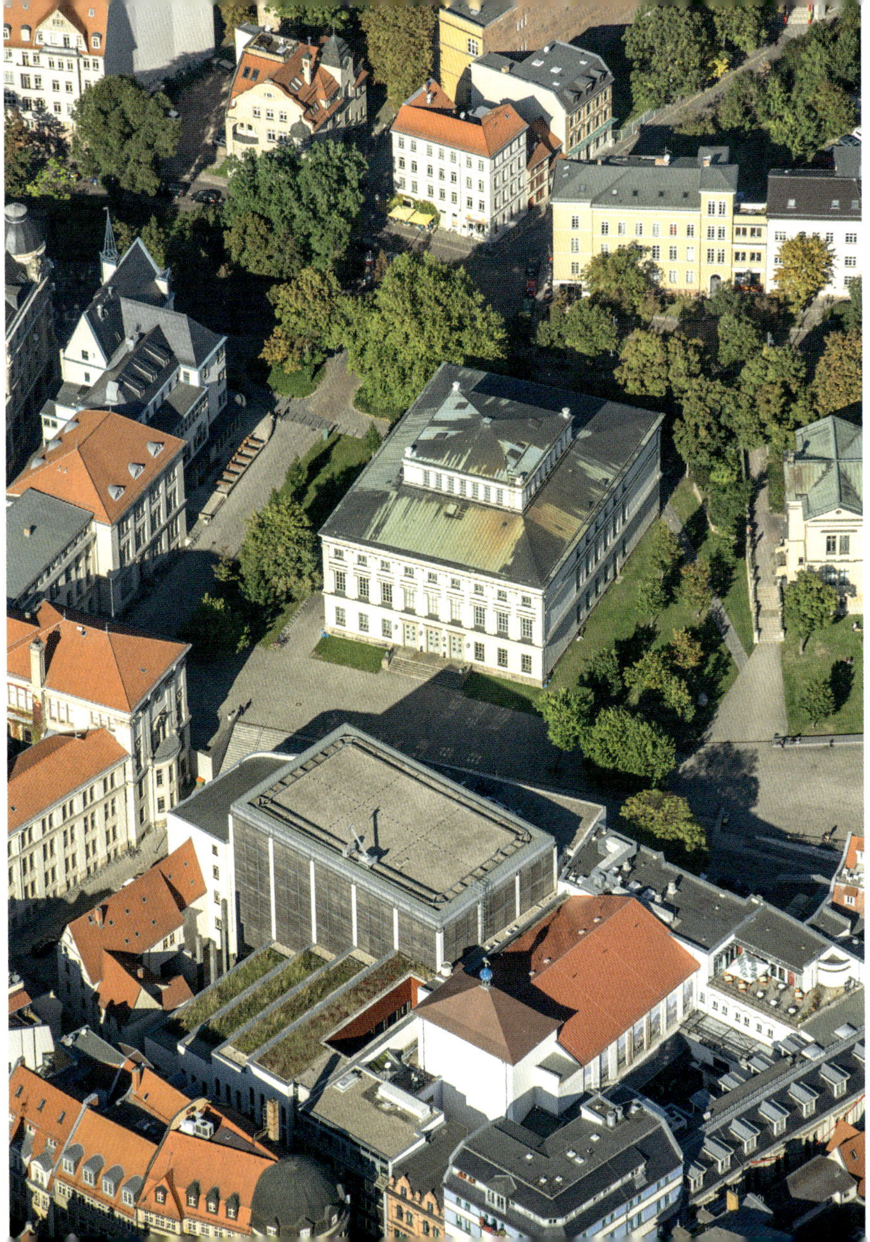

▲ Die beiden Gebäude der Universitätsbibliothek in der August-Bebel-Straße

▶ Der Campus der Martin-Luther-Universität mit dem Löwengebäude im Zentrum

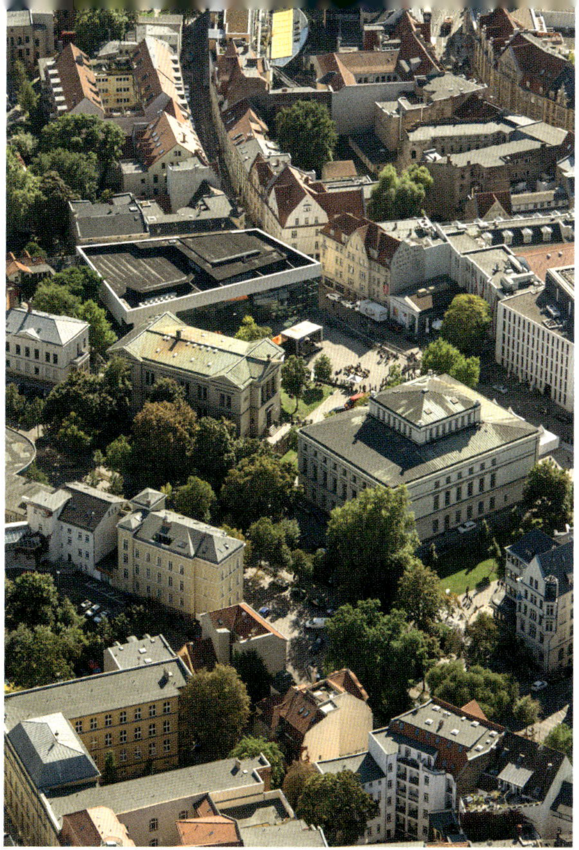

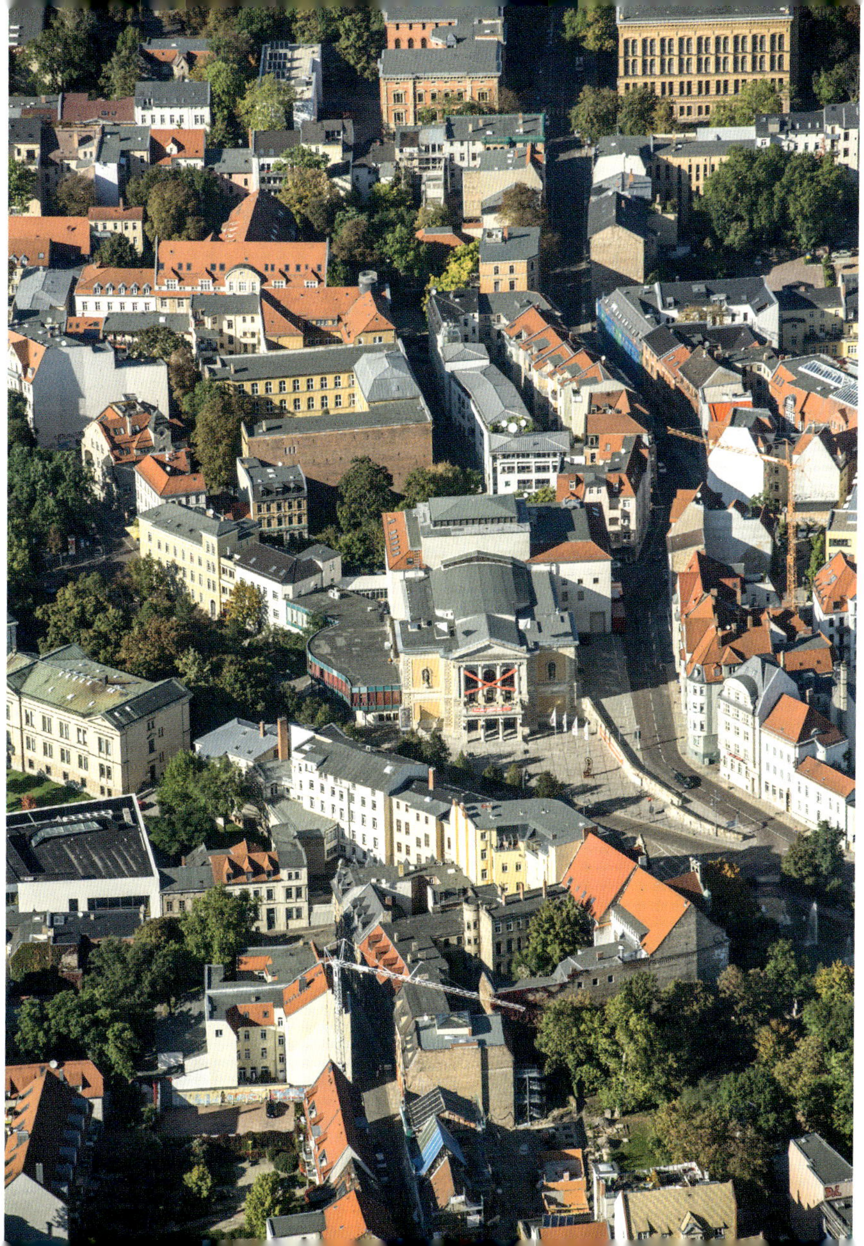

▲ Martin-Luther-Universität, Campus

▶ Blick auf das Opernhaus

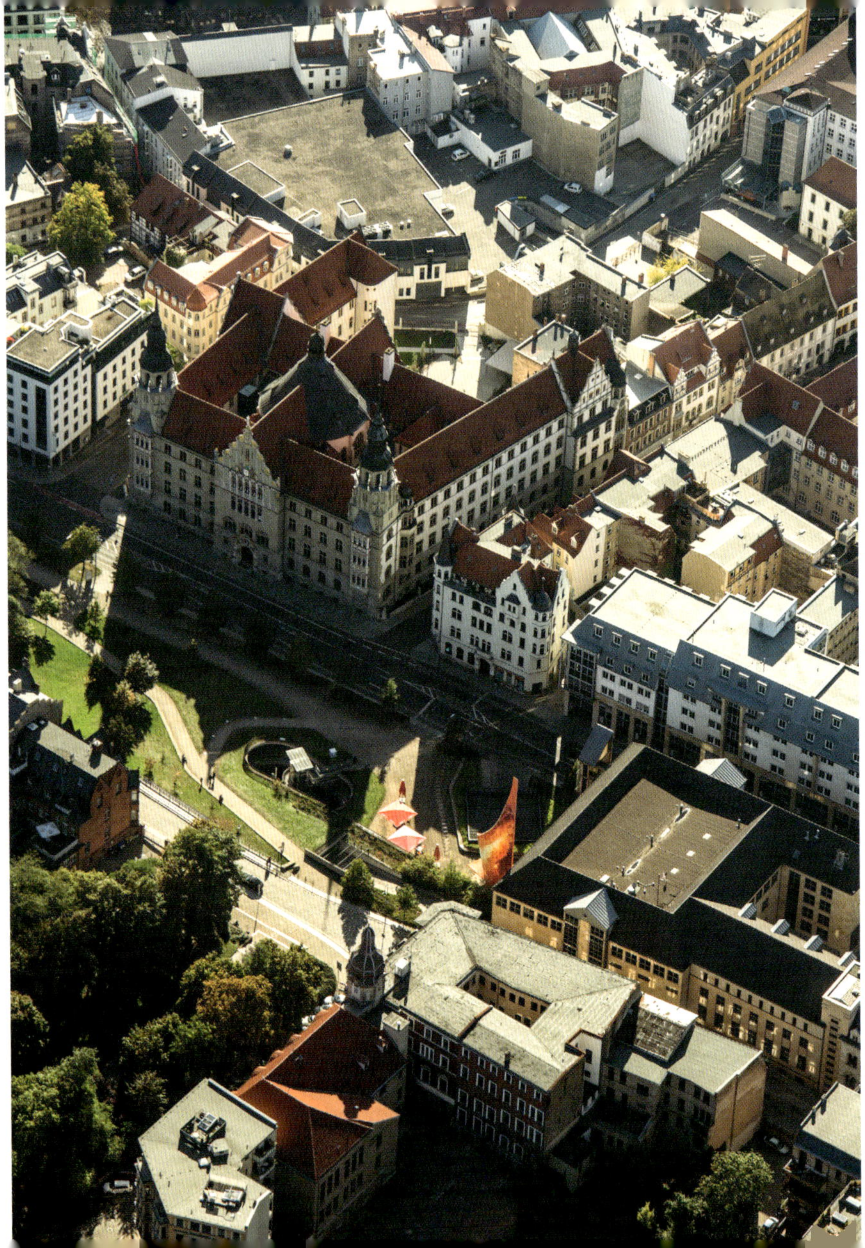

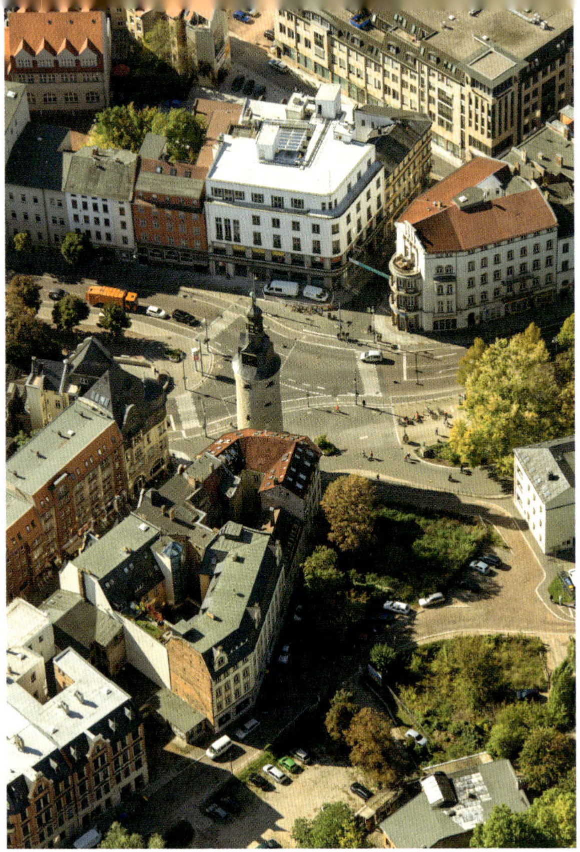

▲ Der Leipziger Turm

◄ Das umfangreich restaurierte Landgericht Halle am Hansering

▶ Blick auf den August-Bebel-Platz

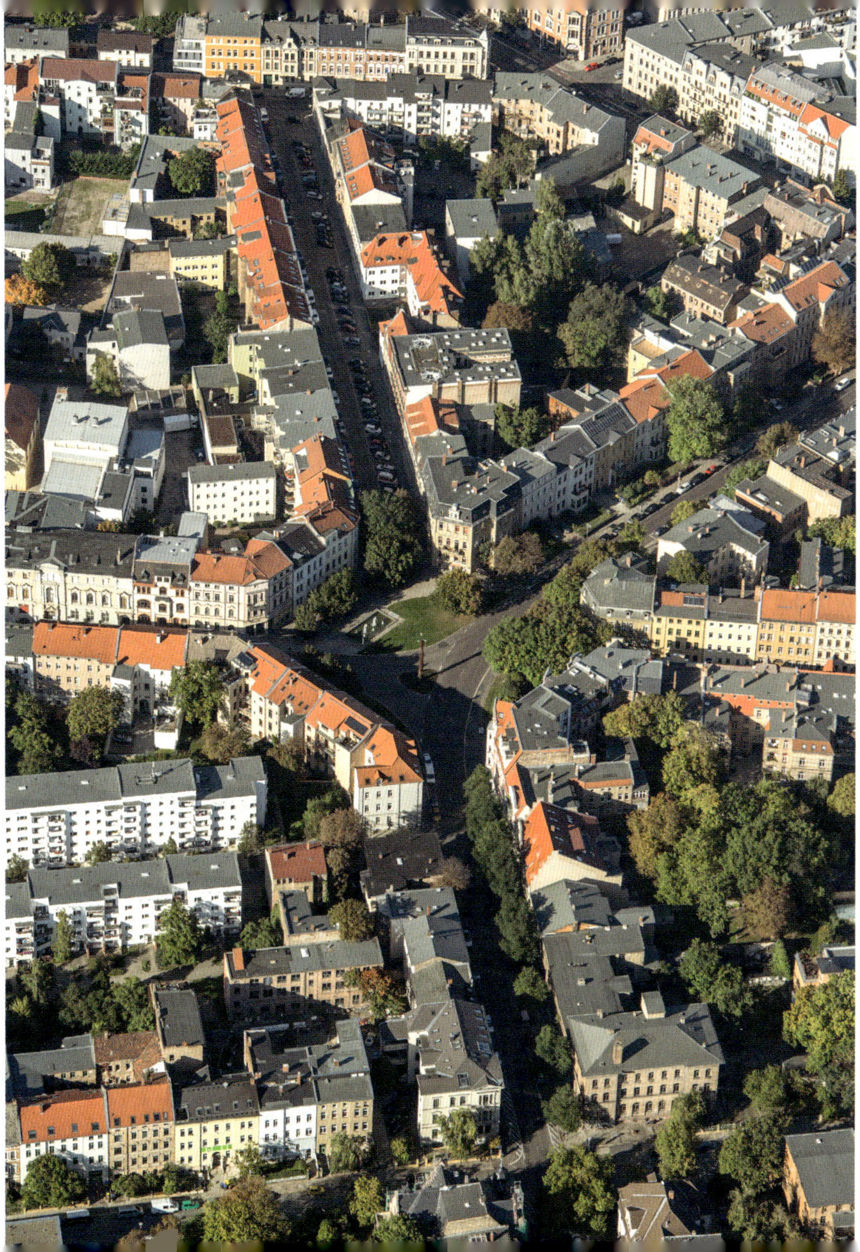

▼ Altes Gasometer, Genzmer Brücke
und Holzplatz

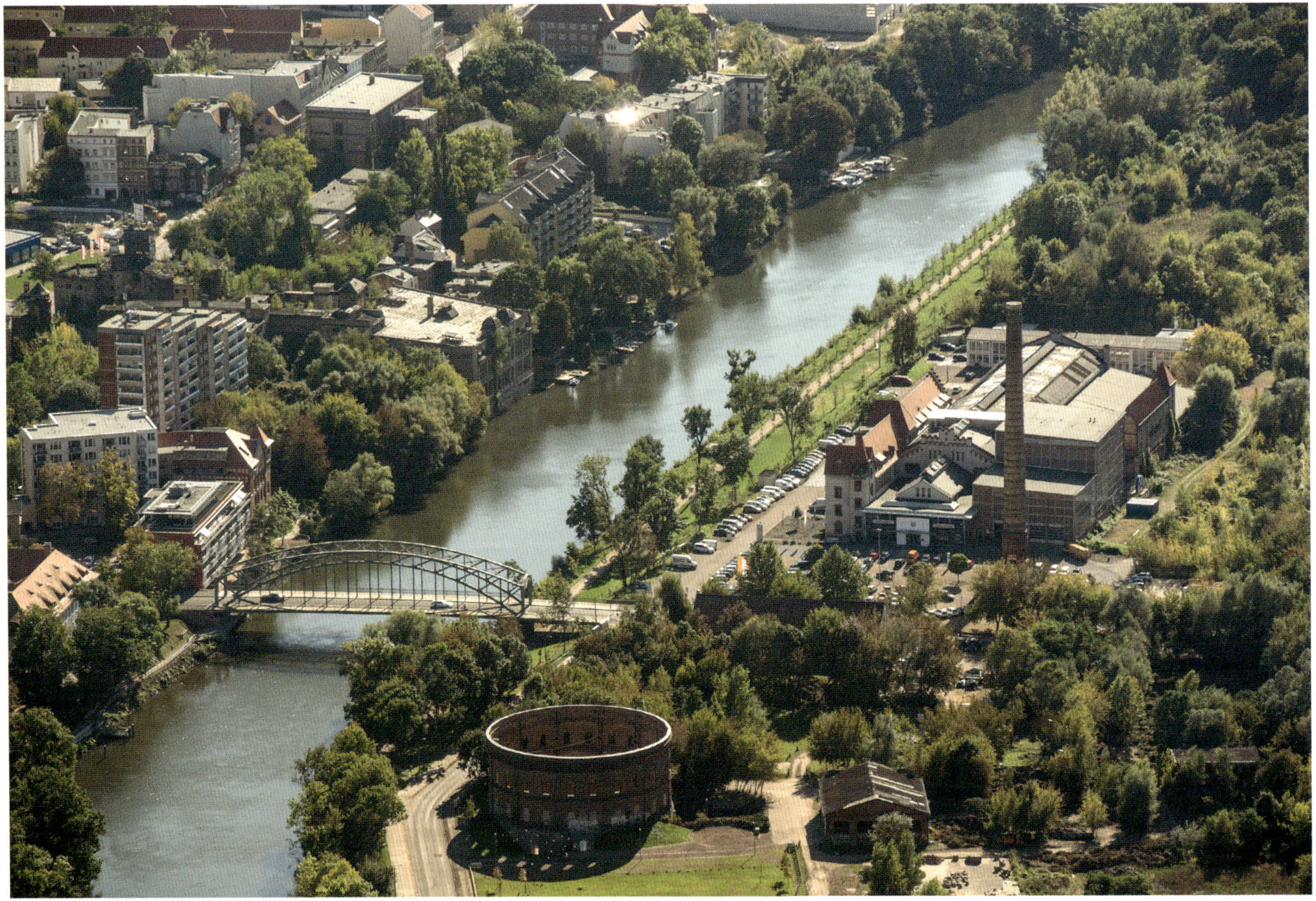

▼ Technisches Halloren- und Saline-
museum Halle

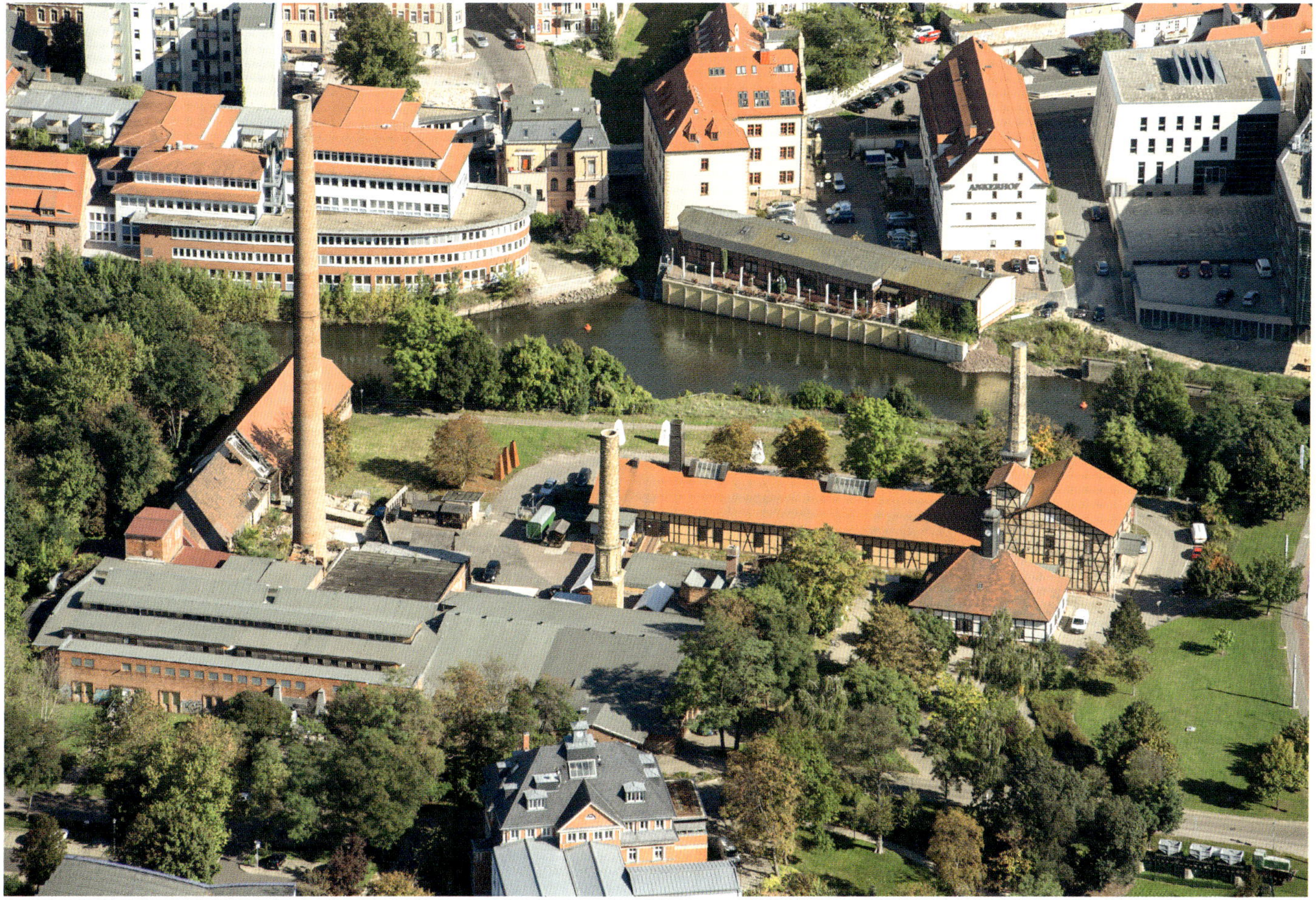

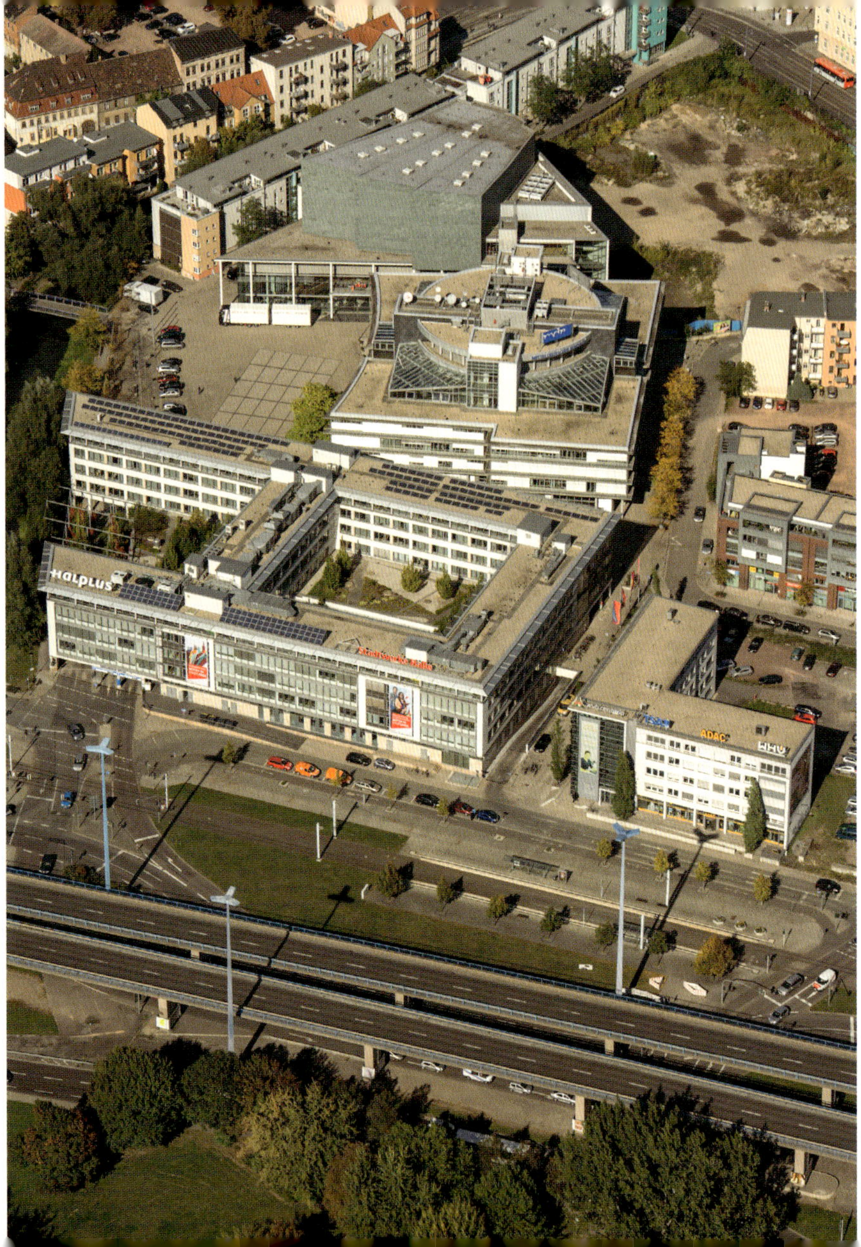

◂ Die Georg-Friedrich-Händel-Halle und das MDR-Funkhaus an der »Spitze«

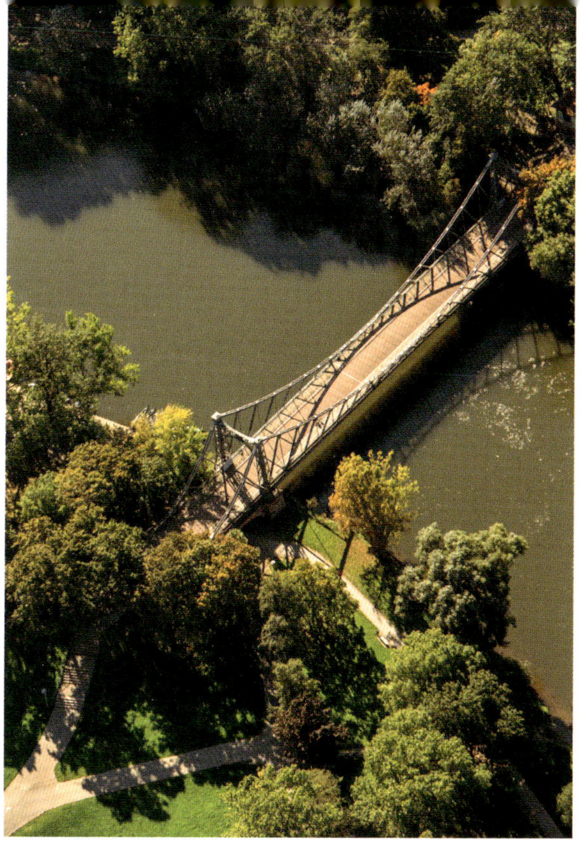

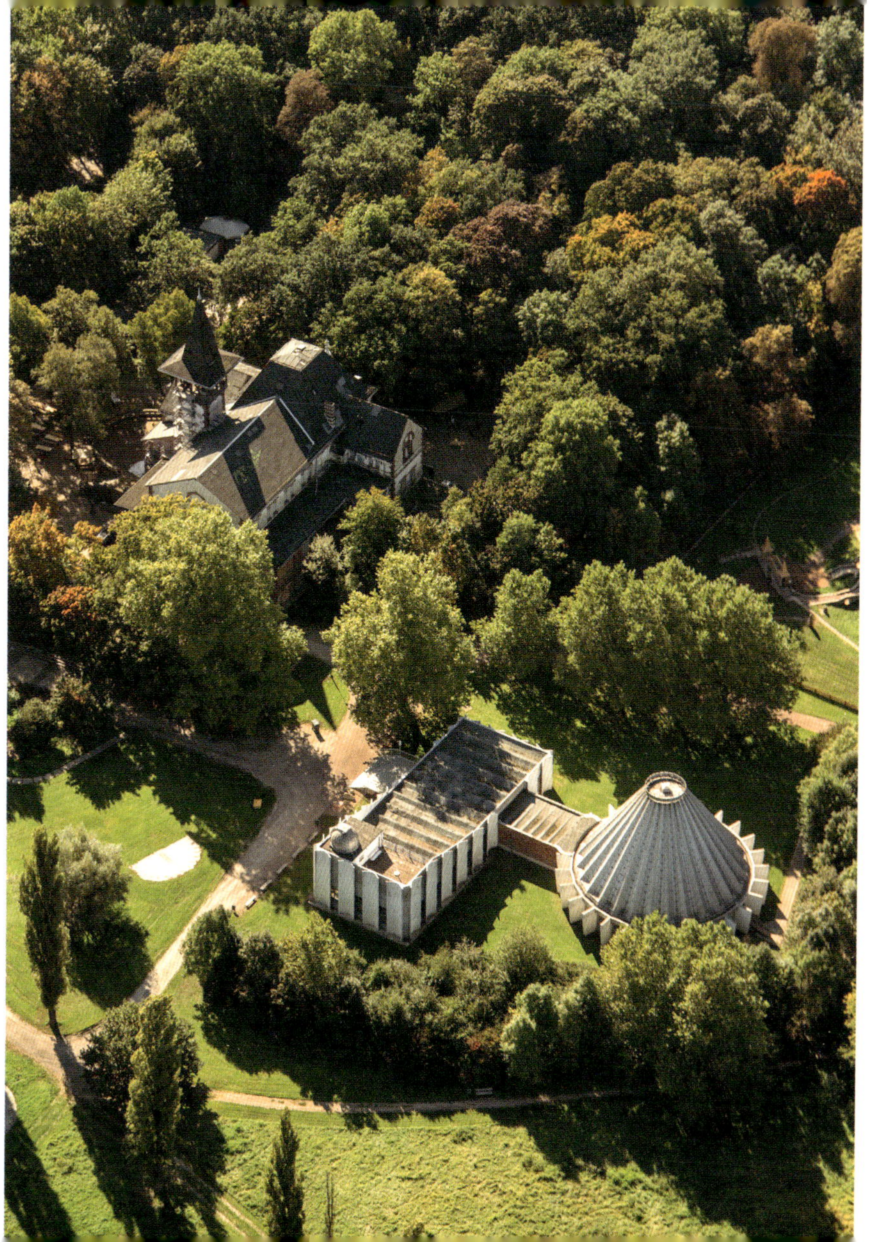

▲ Die Peißnitzbrücke

▶ Peißnitzhaus und Planetarium

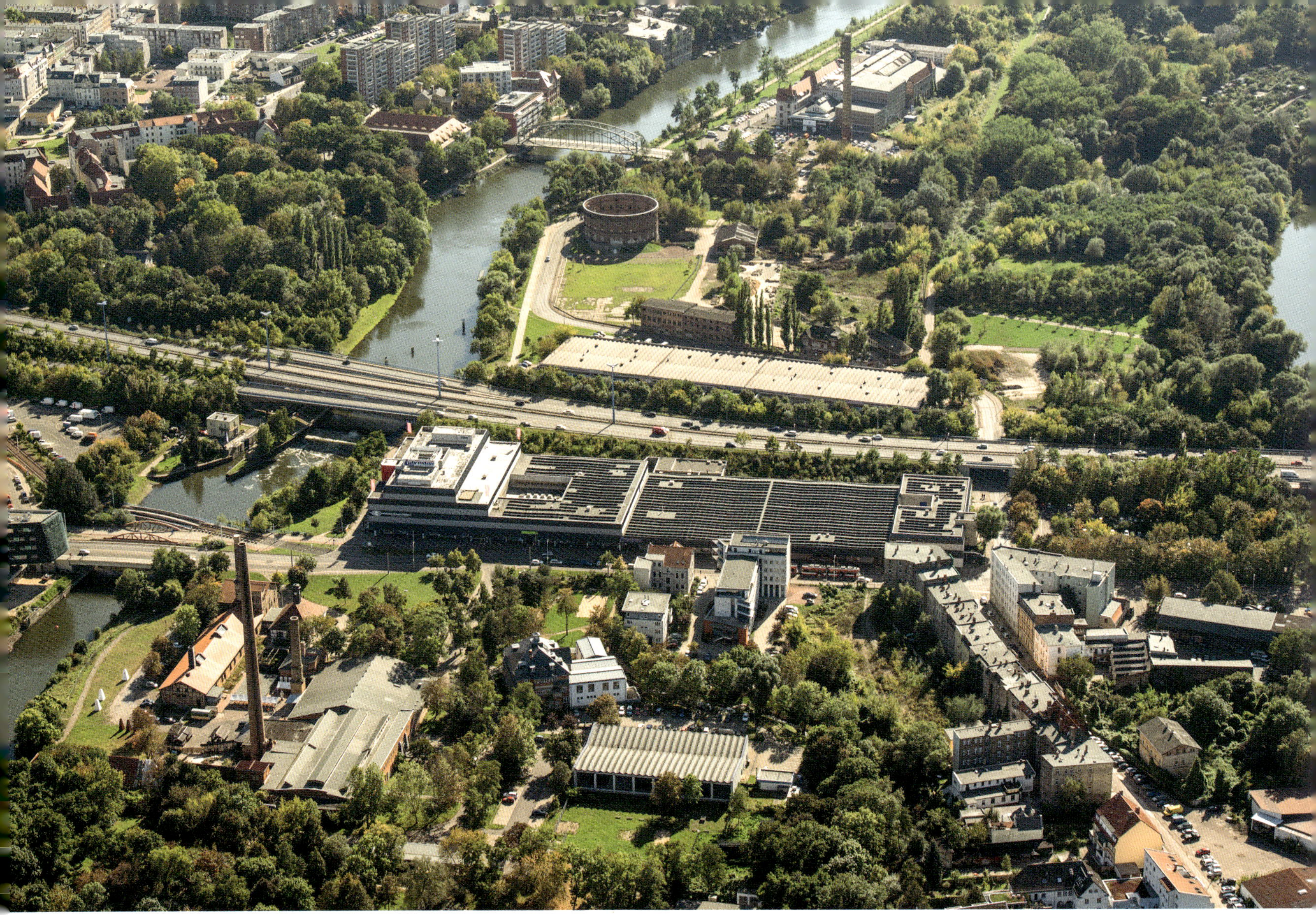

◄ Blick über die Salineinsel

► Elisabethkrankenhaus und Franckesche Stiftungen

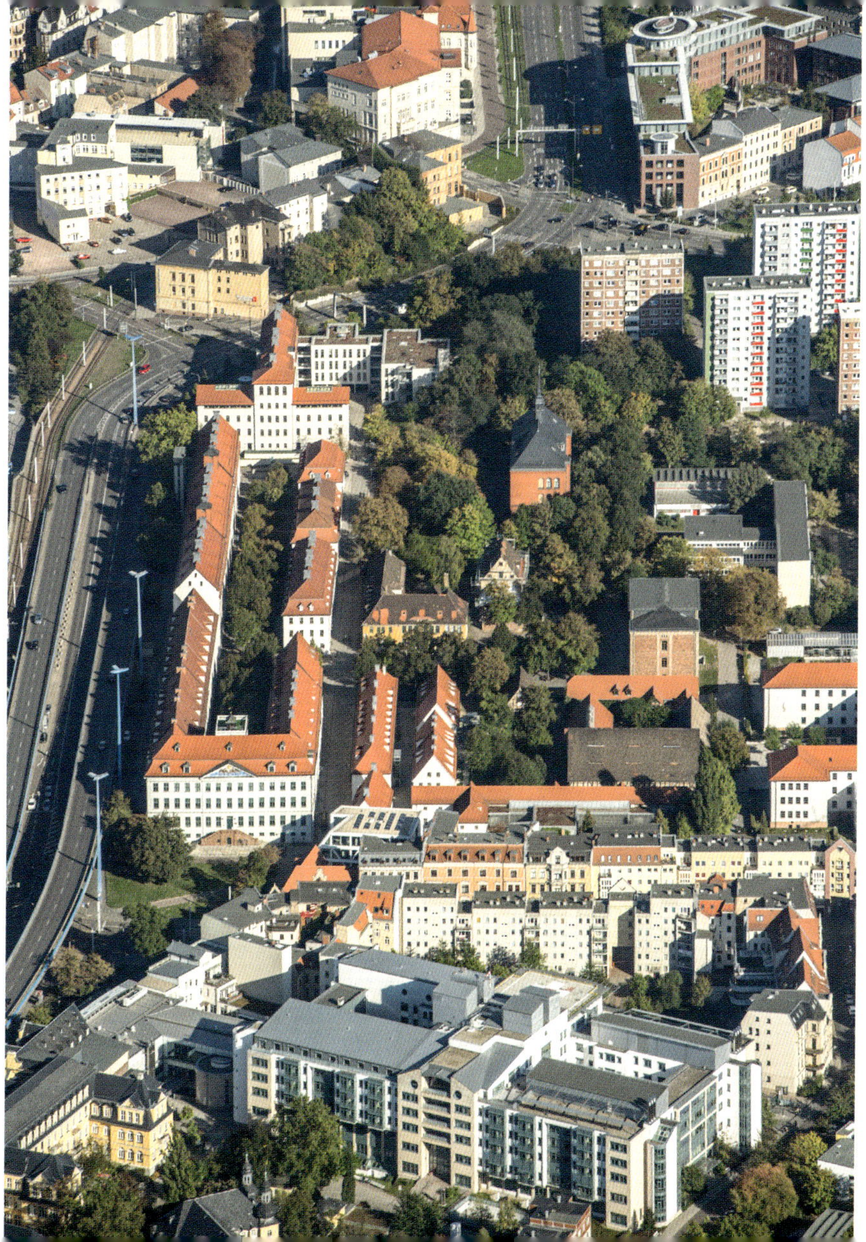

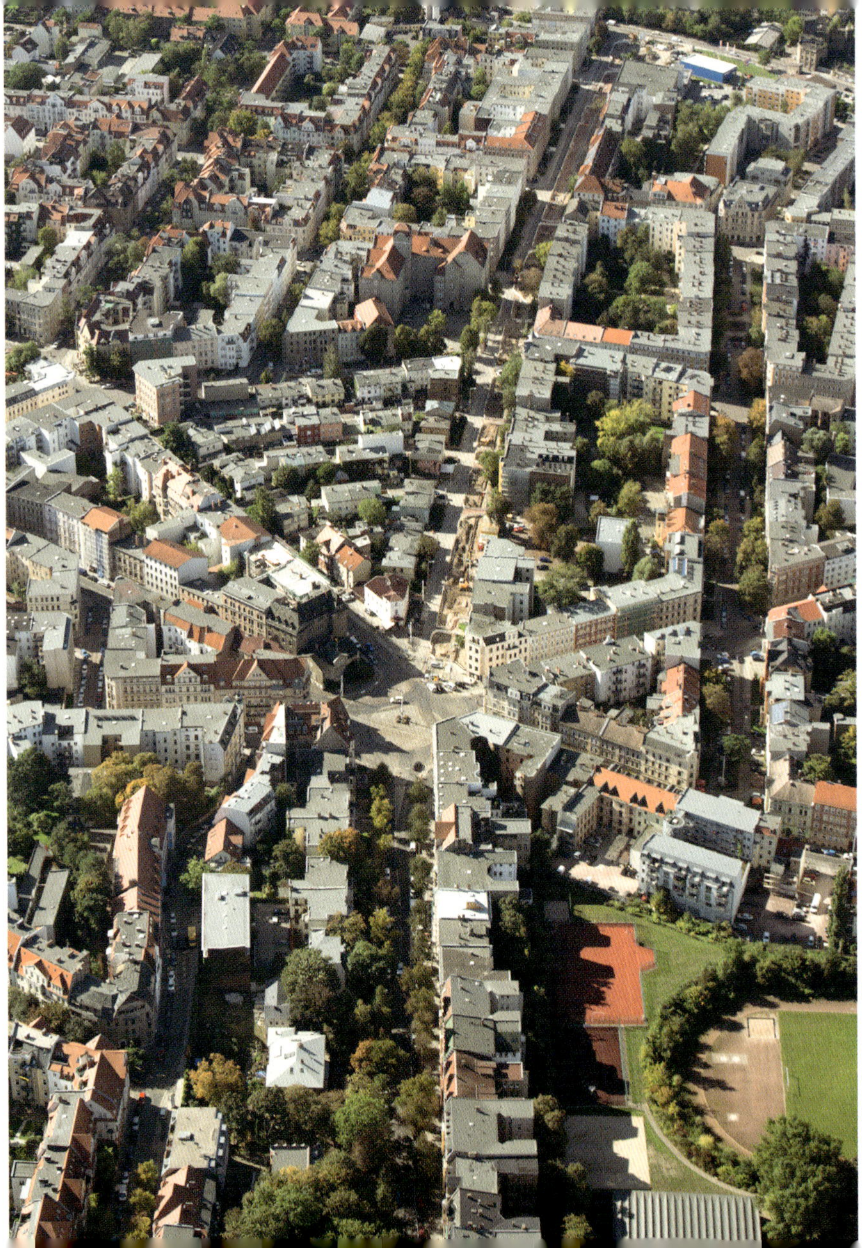

◂ Blick über den Rannischen Platz

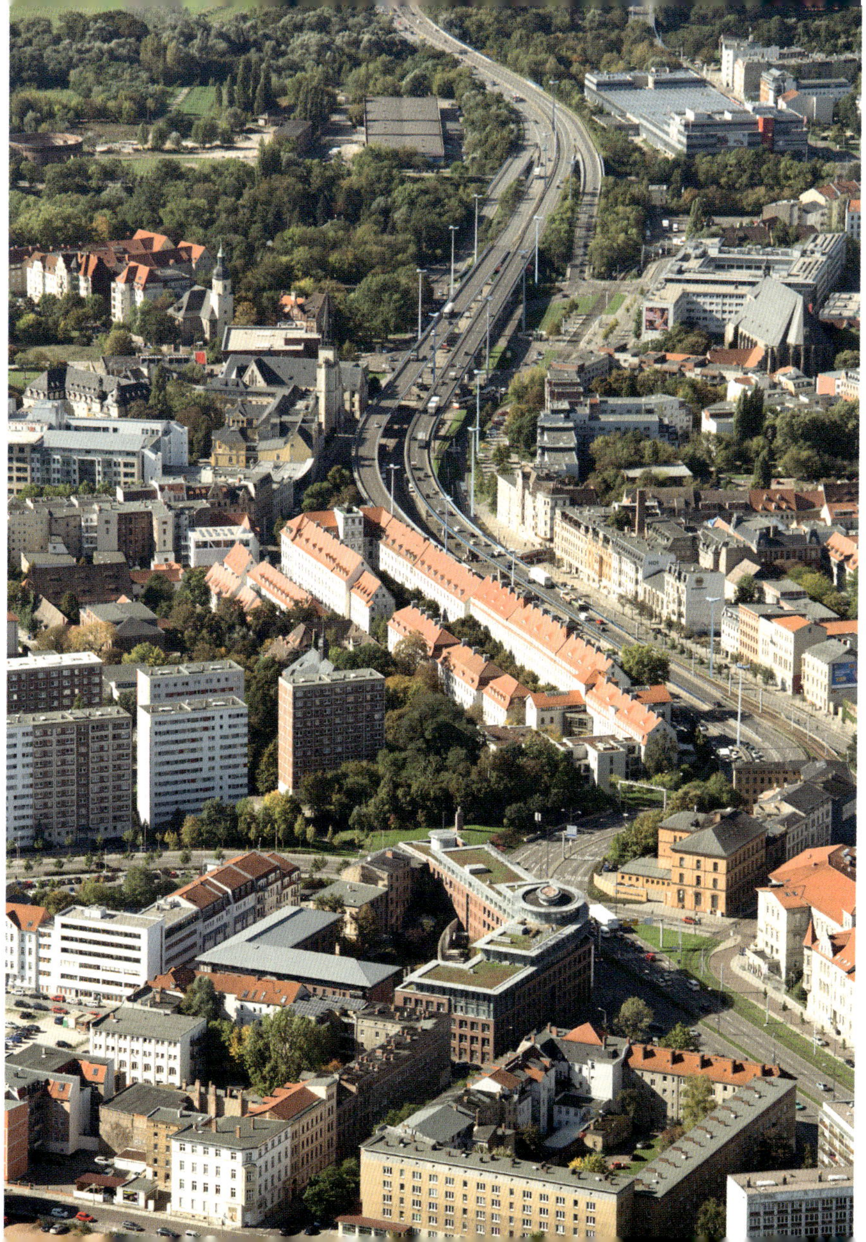

▸ Die Franckeschen Stiftungen und die Hochstraße

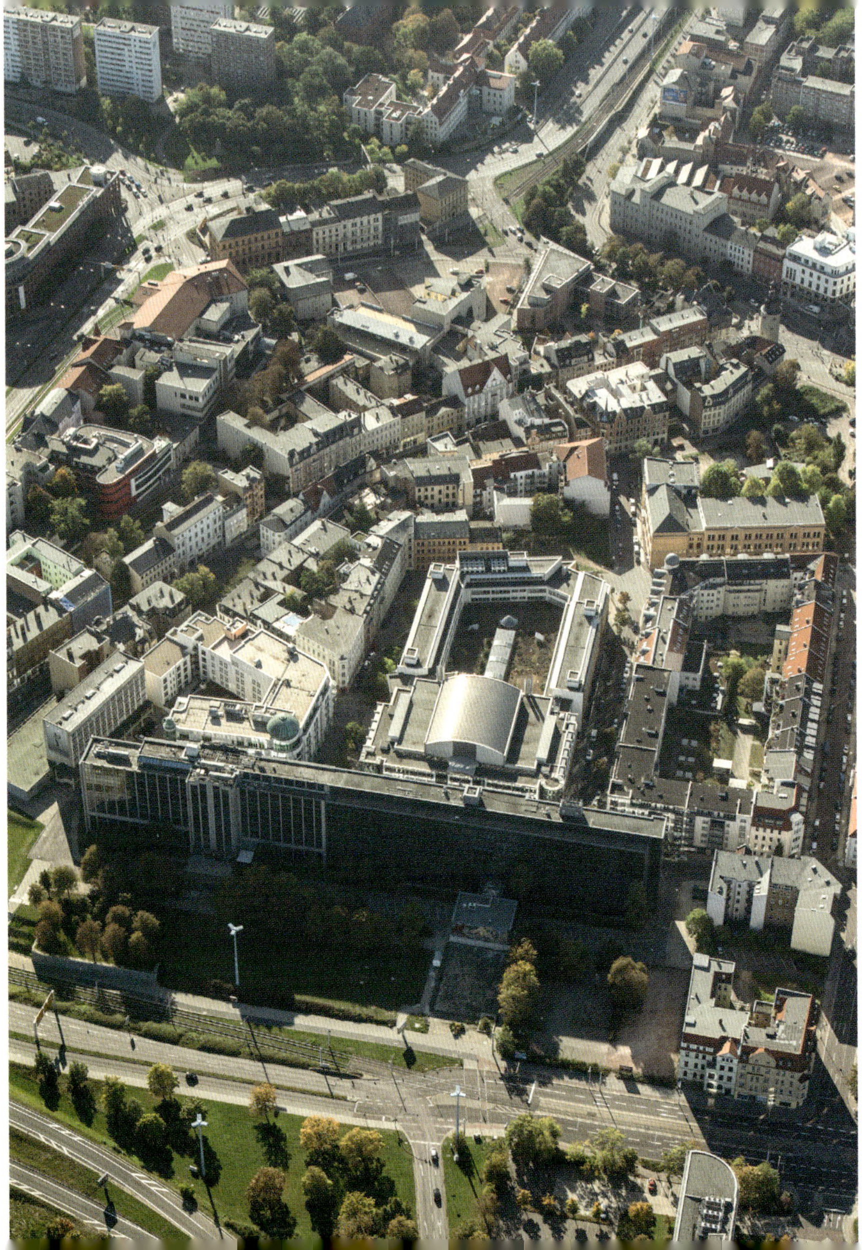

◂ Das Charlottencenter in der Augustastraße

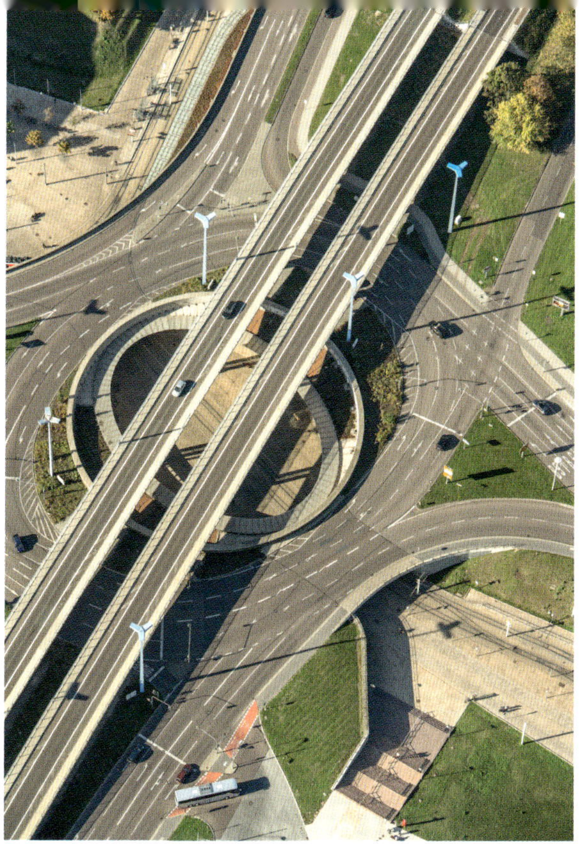

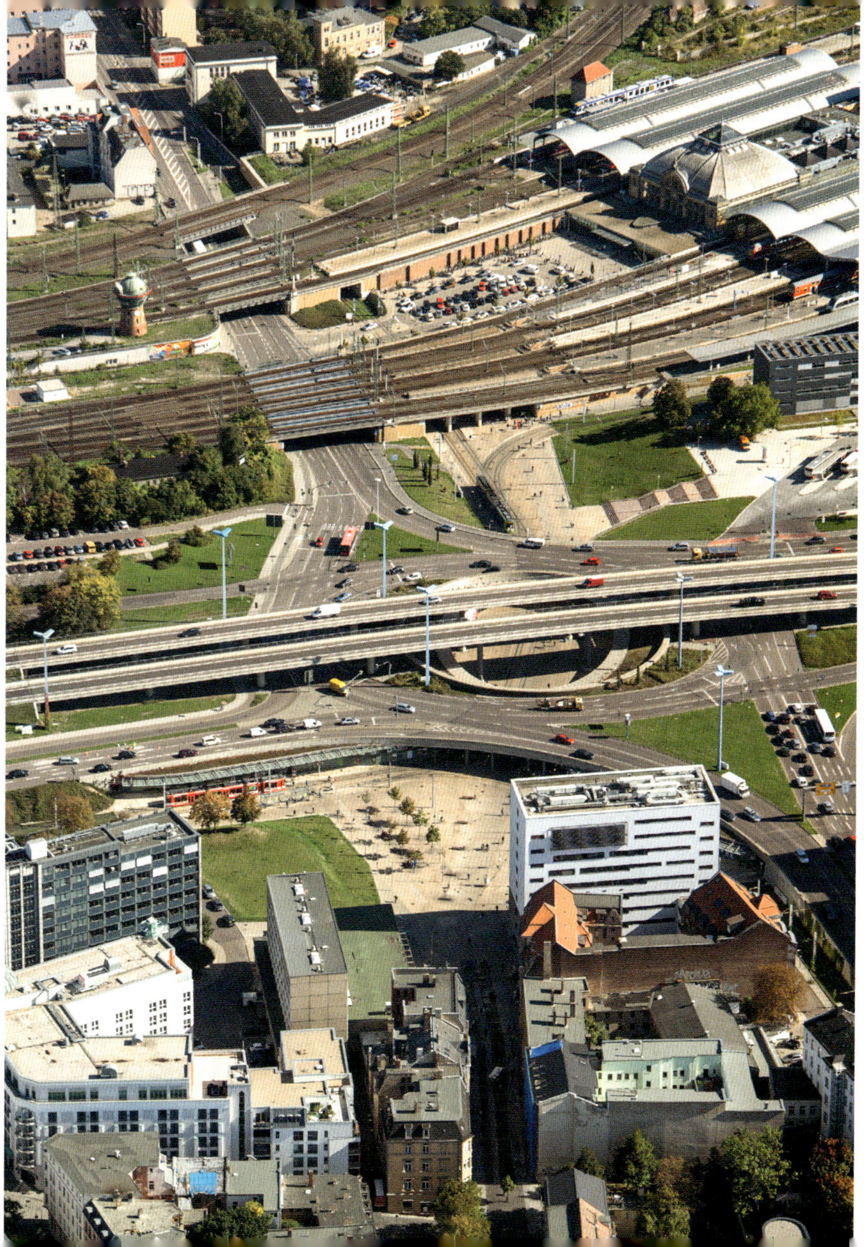

▲ Kreisverkehr auf drei Ebenen: der Riebeckplatz

▶ Der Riebeckplatz, im Hintergrund der Hauptbahnhof

▼ Blick in die Franckestraße

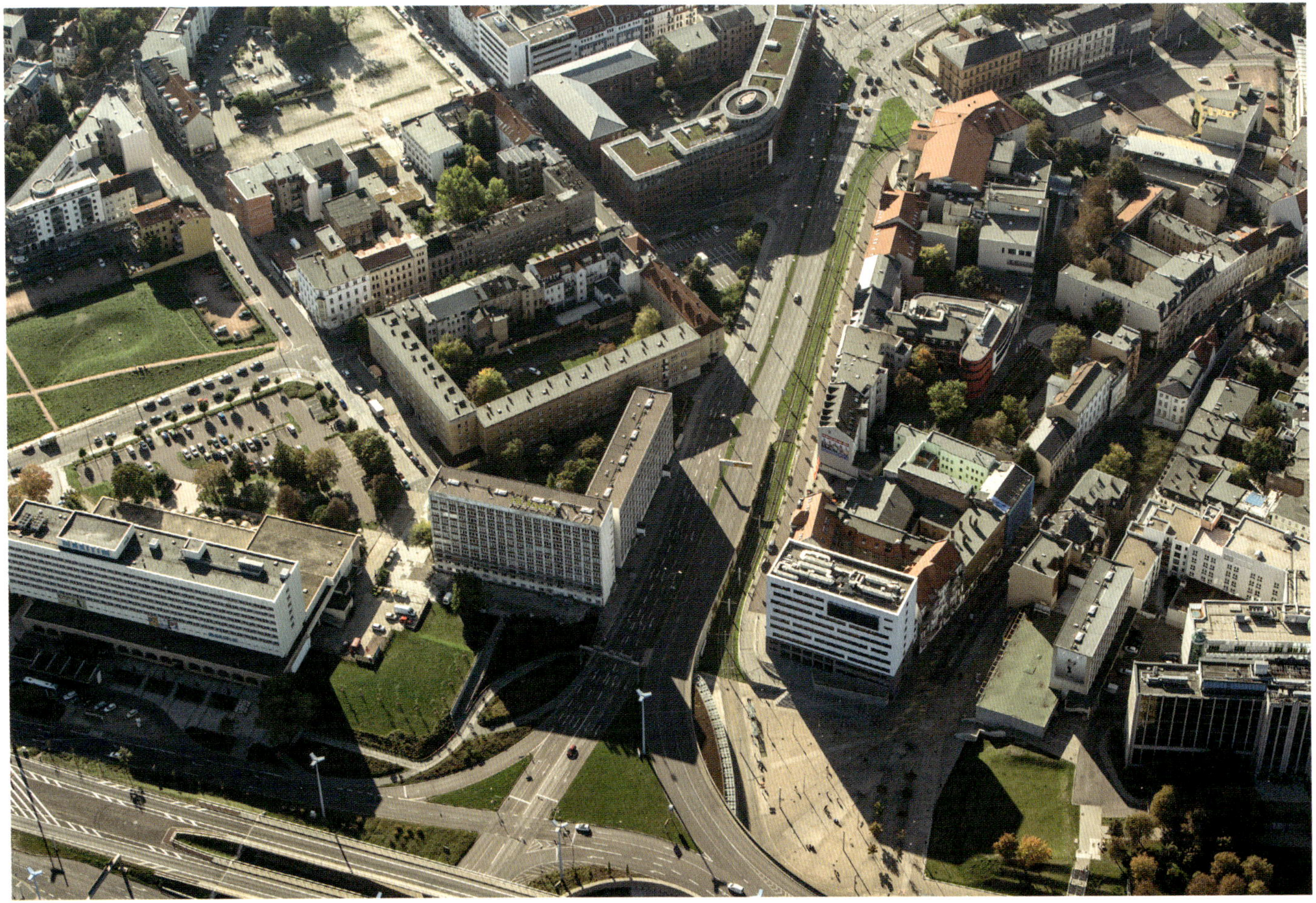

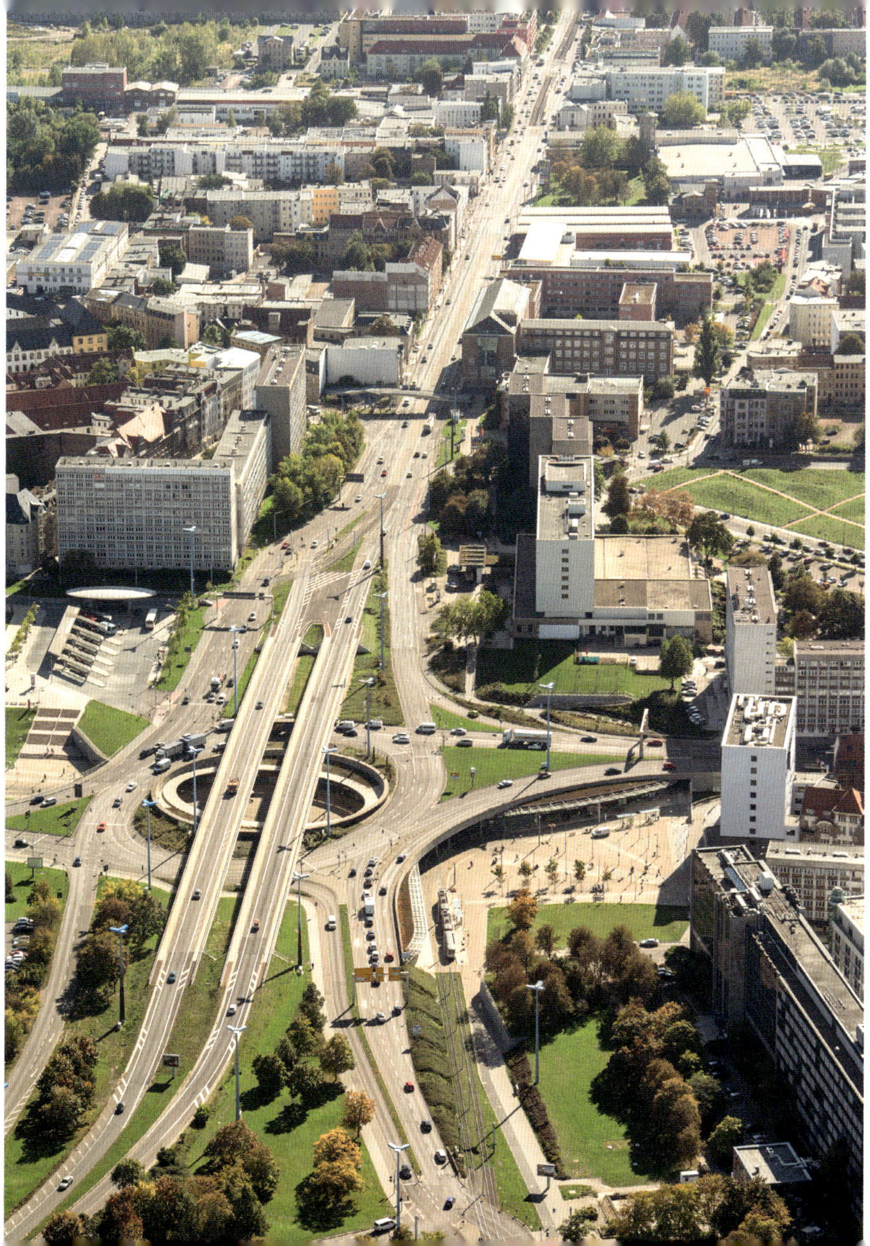

◄ Blick über den Riebeckplatz in die Merseburger Straße

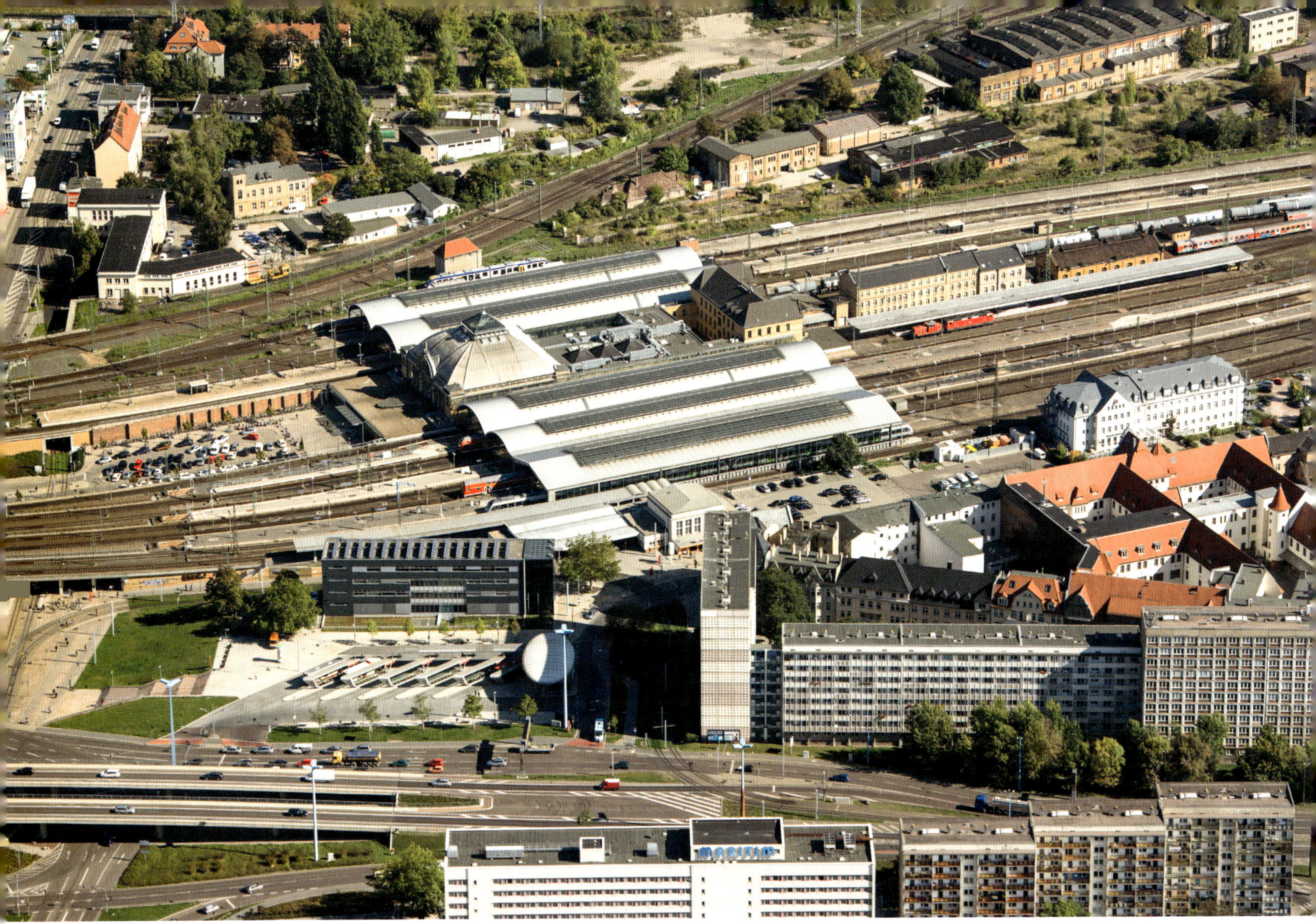
MARITIM

◂ Der Hauptbahnhof vom Westen aus gesehen

▸ Die Berliner Brücke überspannt die nach Norden führenden Bahngleise

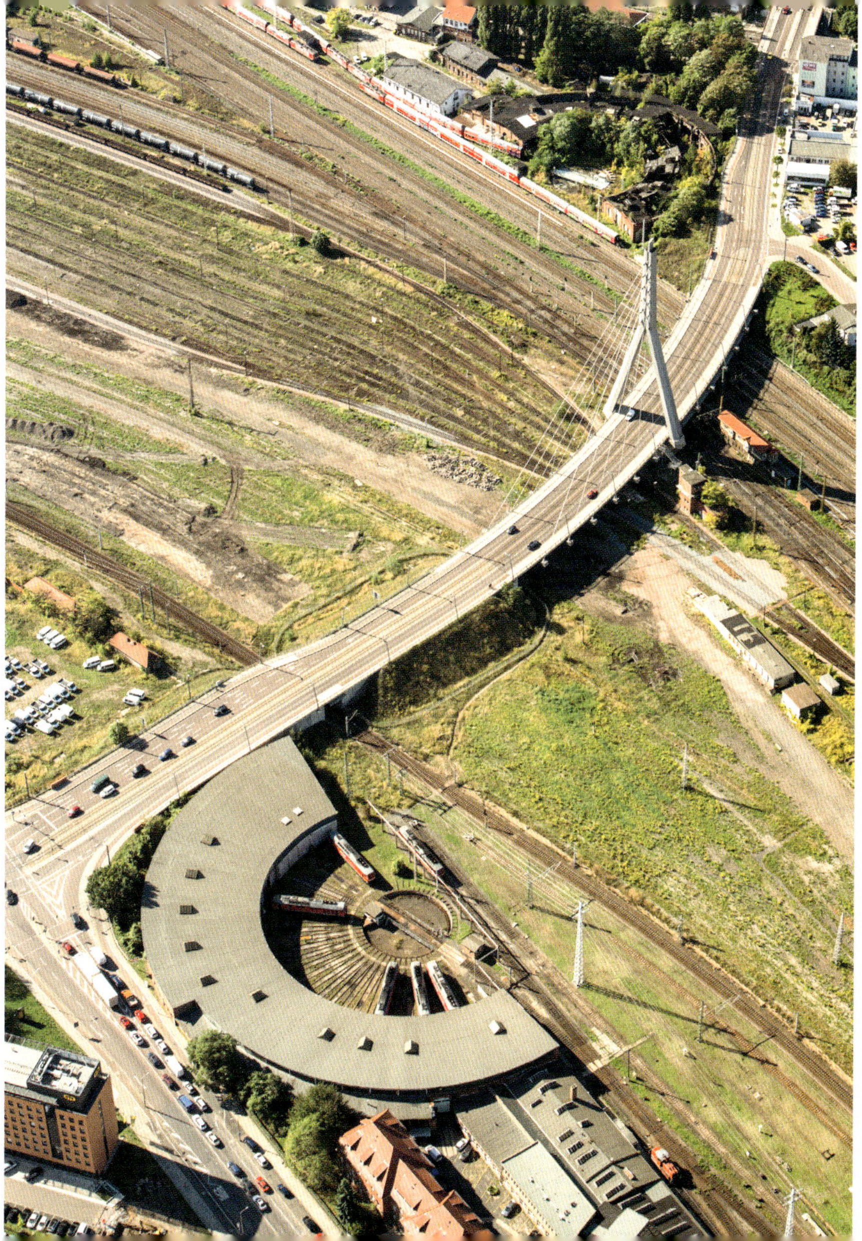

▶ Das Gebäude der Deutschen Rentenversicherung an der Äußeren Hordorfer Straße

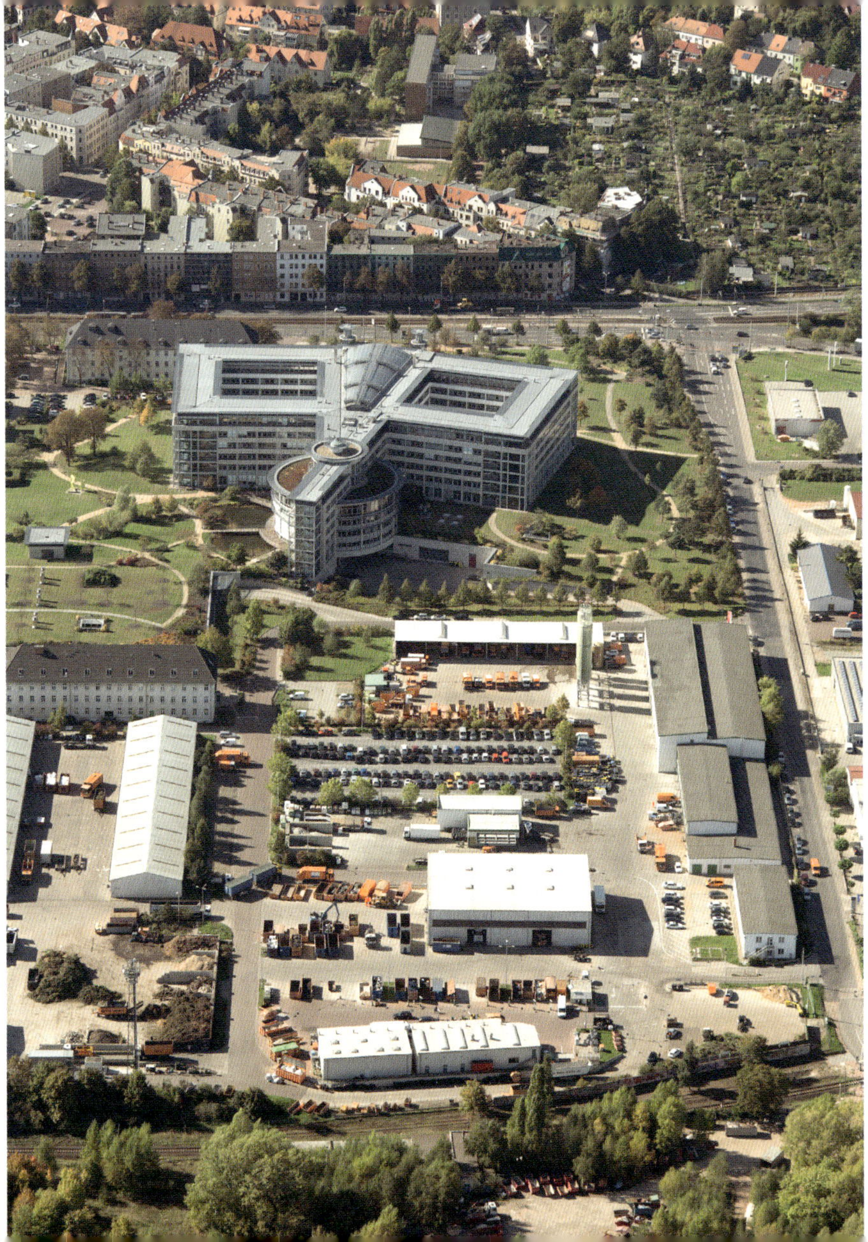

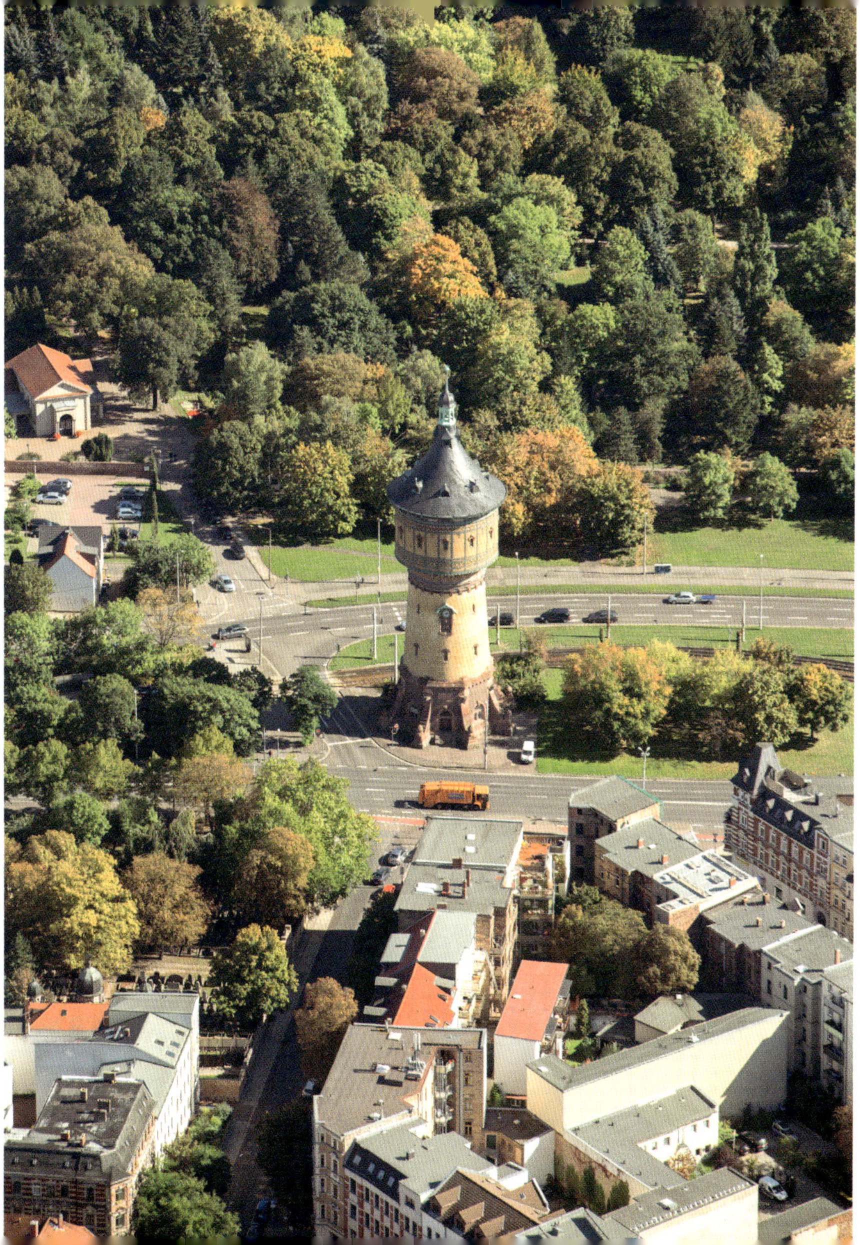

▸ Der Wasserturm Nord am Eingang zum Paulusviertel, Humboldtstraße

▼ Blick über das Paulusviertel

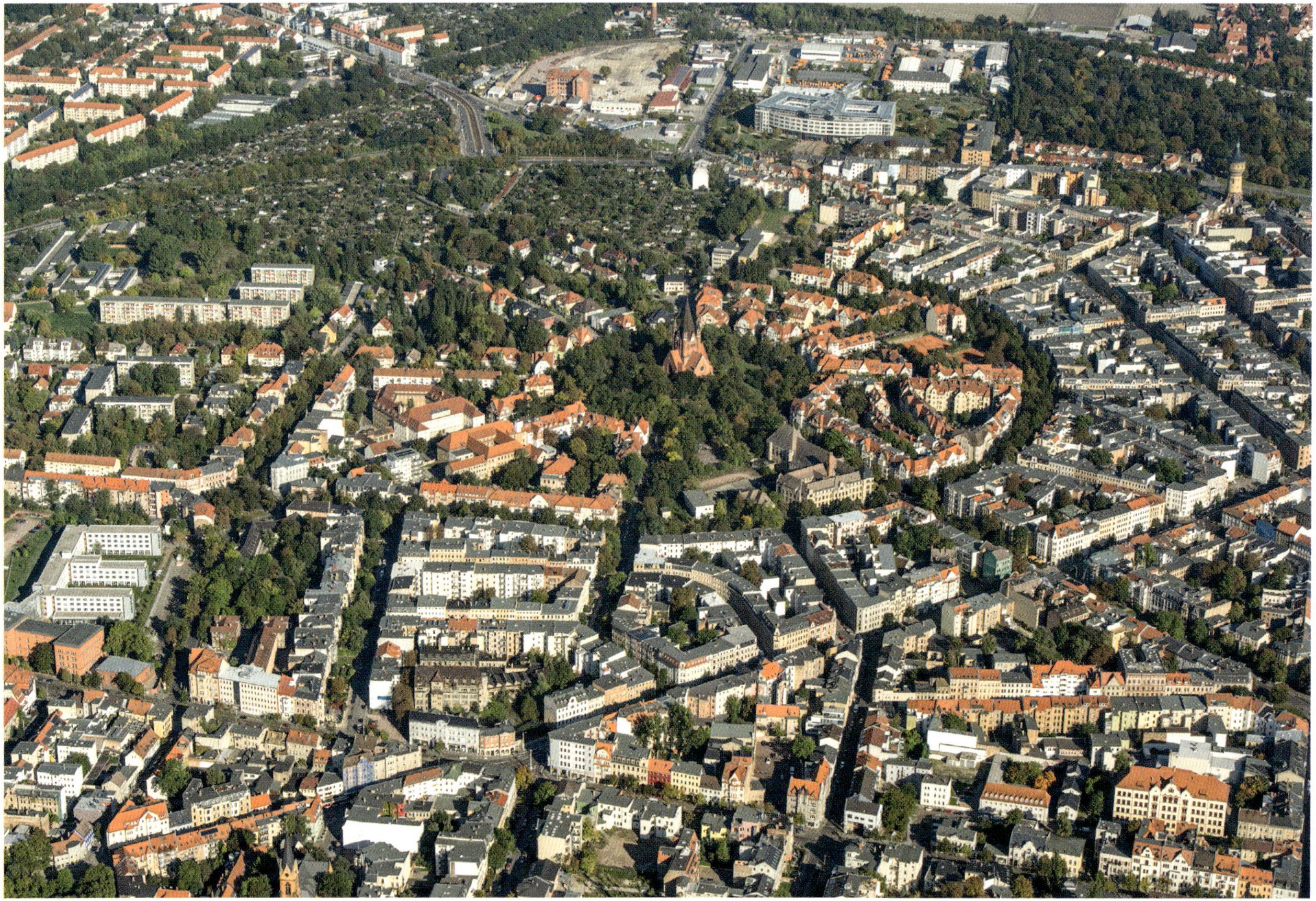

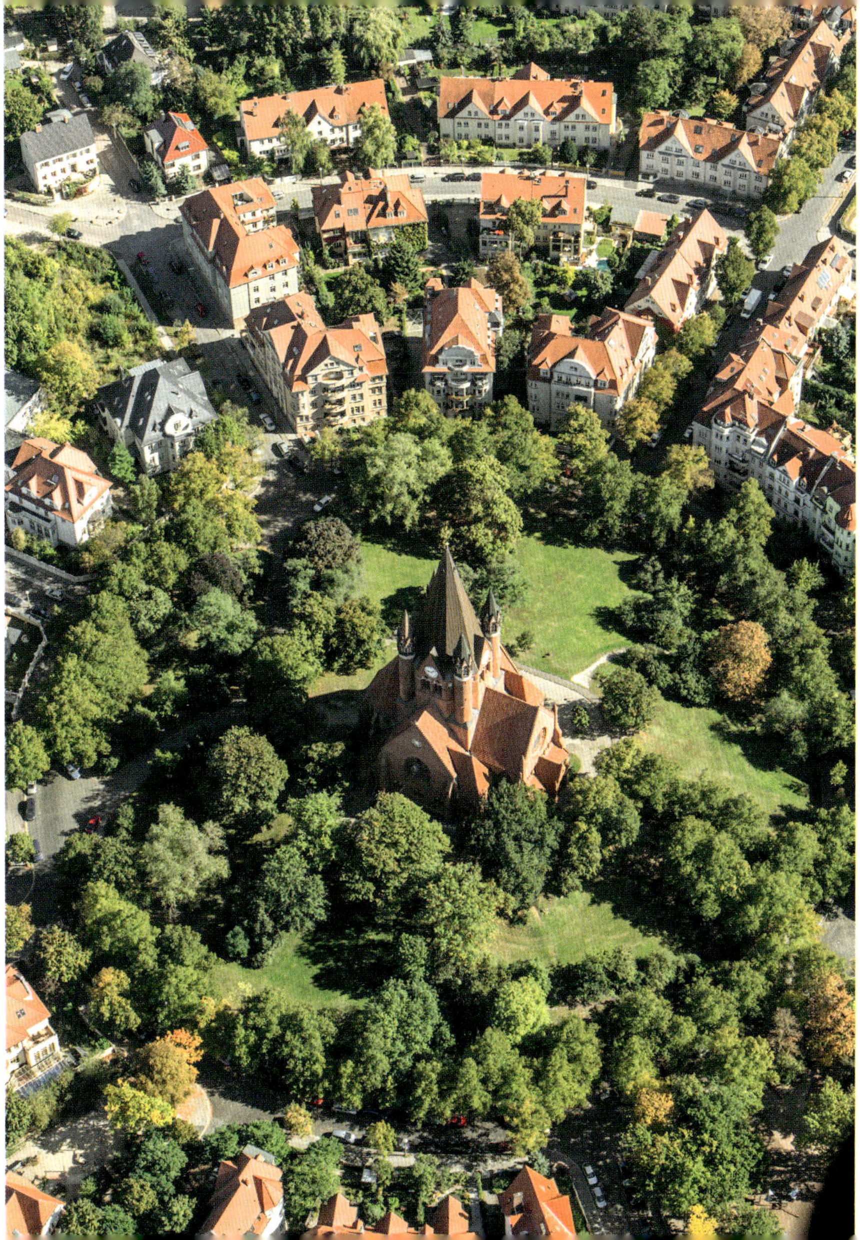

▶ Mittelpunkt des Paulusviertels: die Pauluskirche

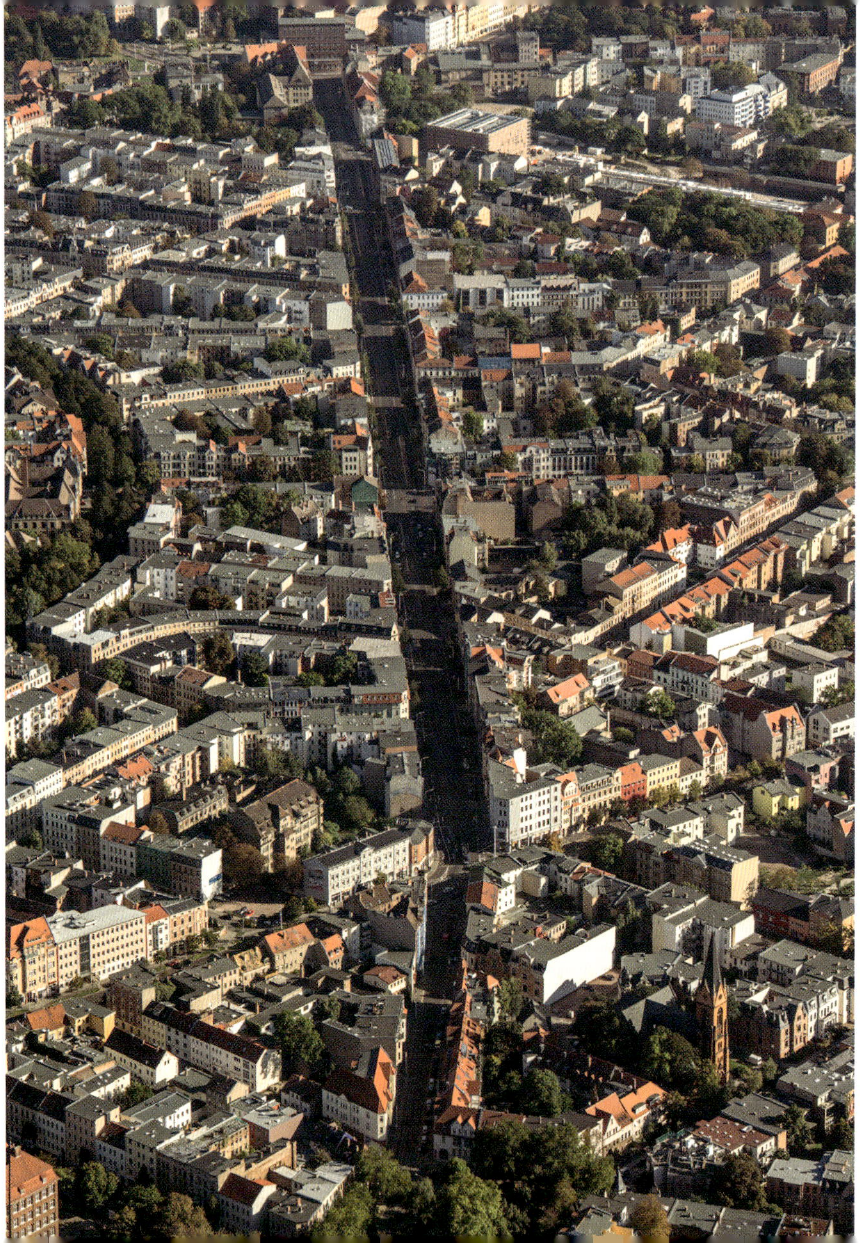

◂ Blick vom Reileck durch die Ludwig-Wucherer-Straße

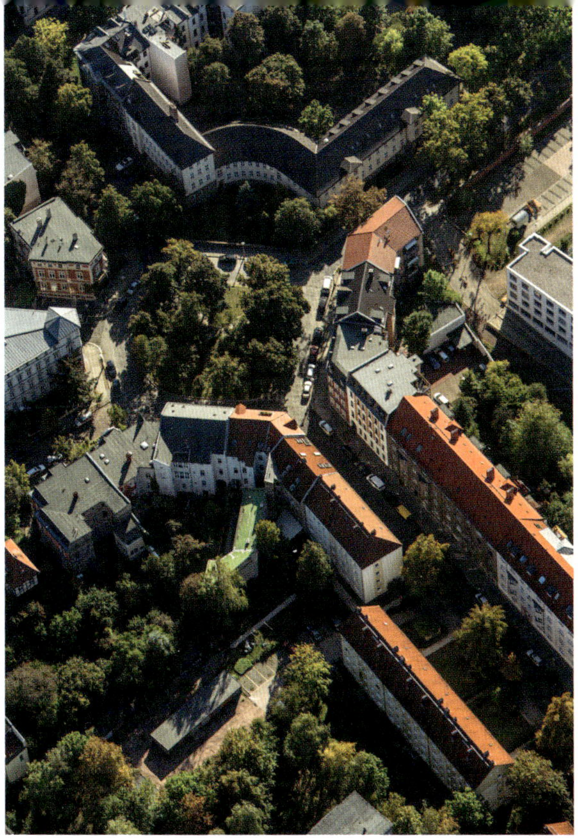

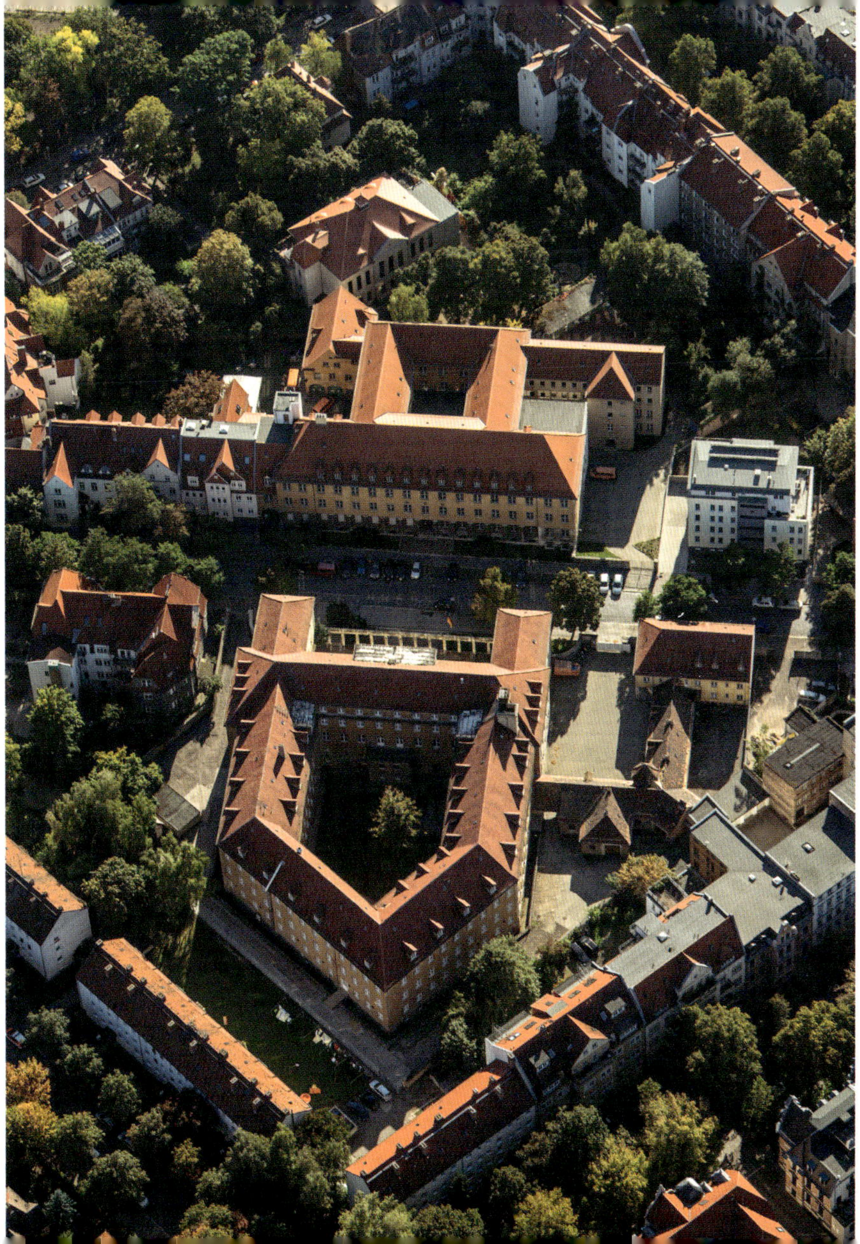

▲ Thomas-Müntzer-Platz

▶ Maxim-Gorki-Straße

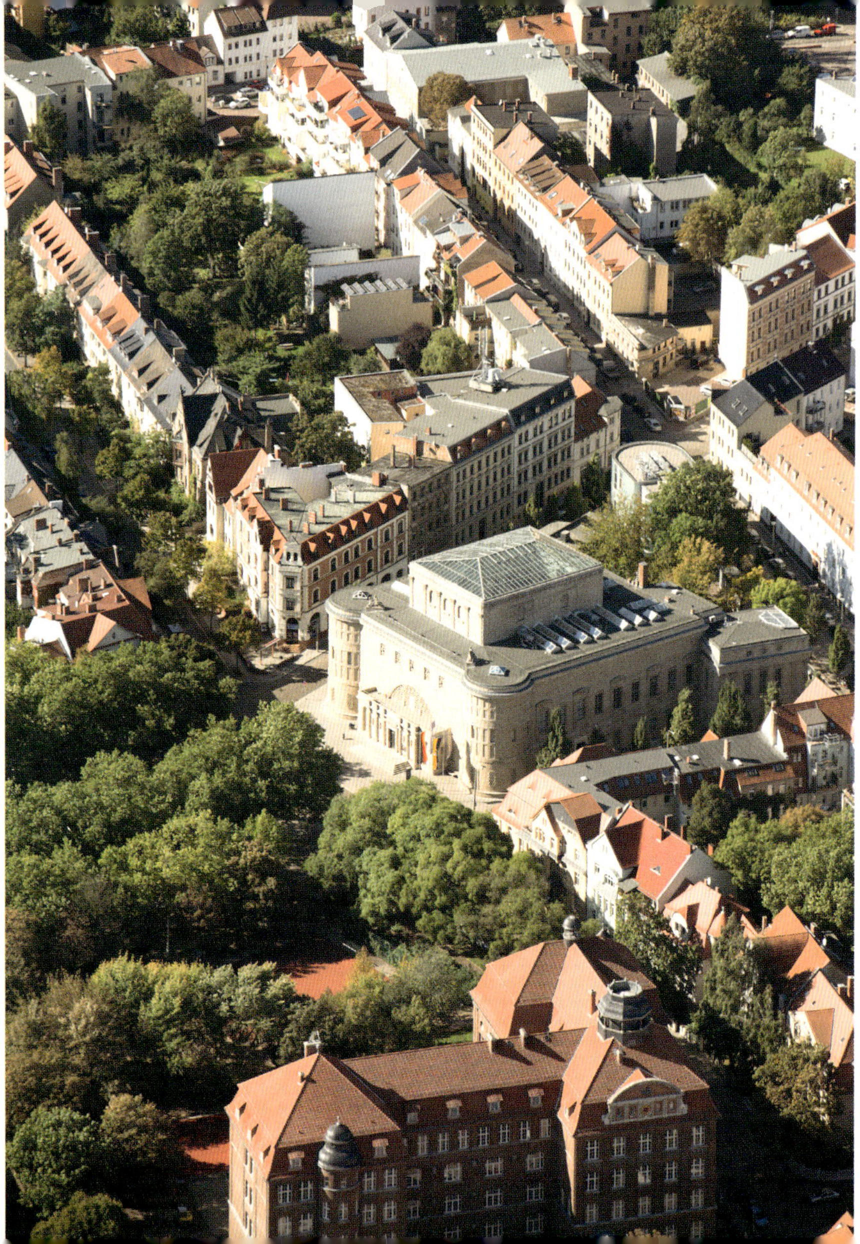

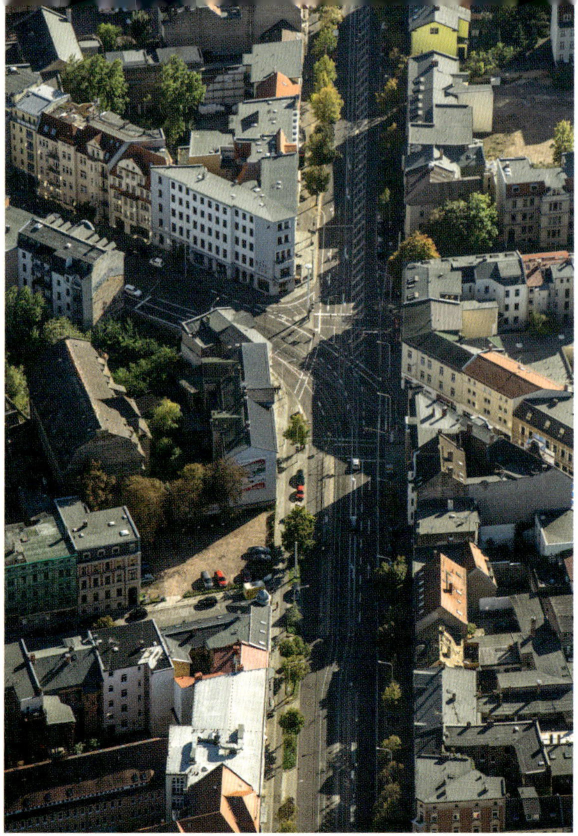

▲ Das Reileck in Richtung Bernburger Straße

◄ Das Landesmuseum für Vorgeschichte in der Richard-Wagner-Straße

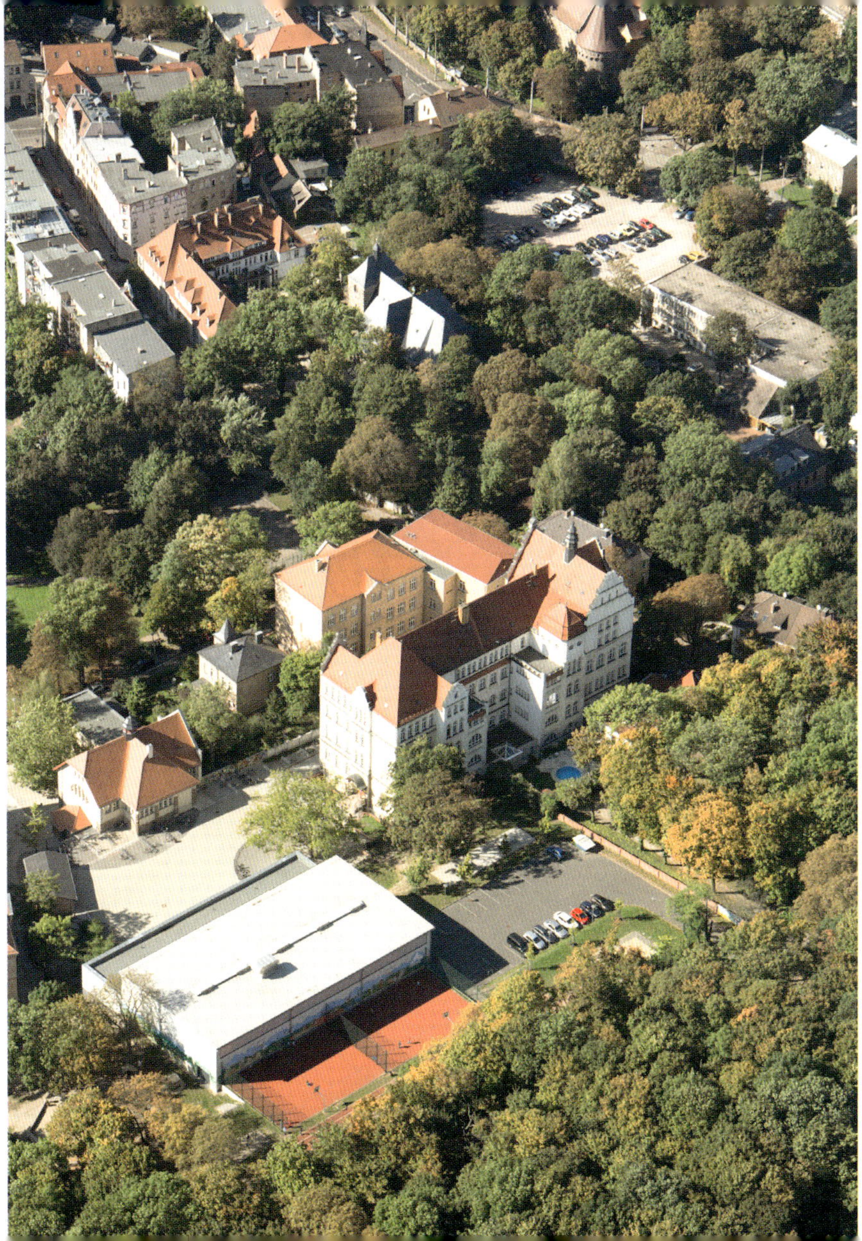

▸ Das Thomas-Müntzer-Gymnasium im Giebichensteinviertel

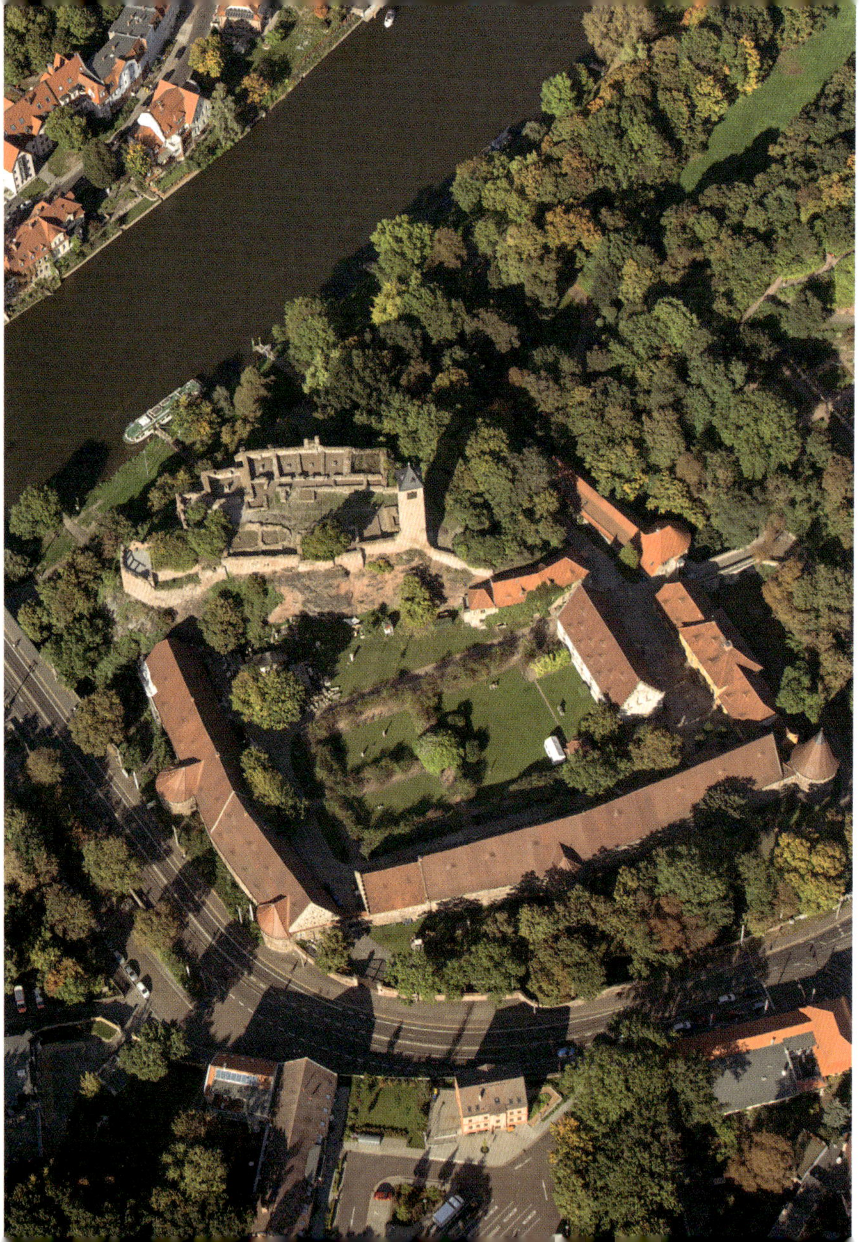

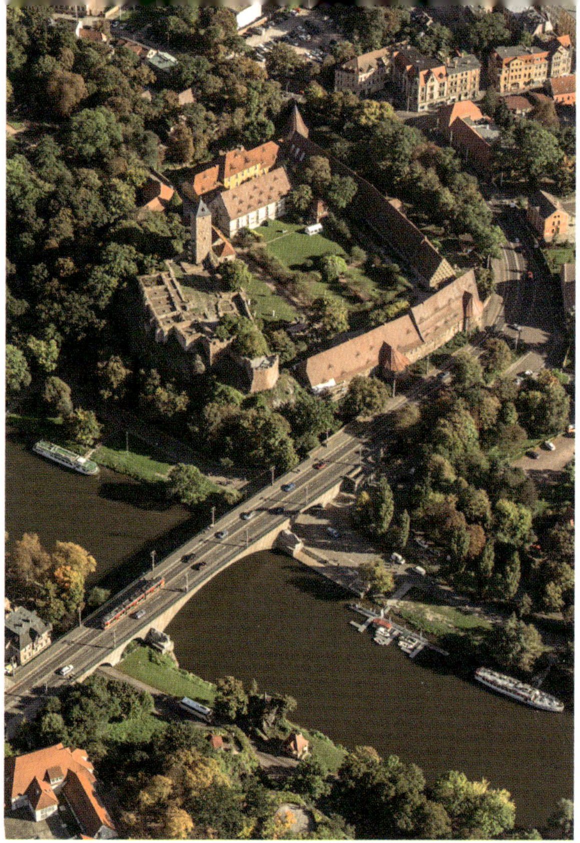

▲ Die Giebichensteinbrücke, auch Kröllwitzer Brücke

◄ Blick auf die Burg Giebichenstein

▼ Der Bergzoo Halle auf dem Reilsberg

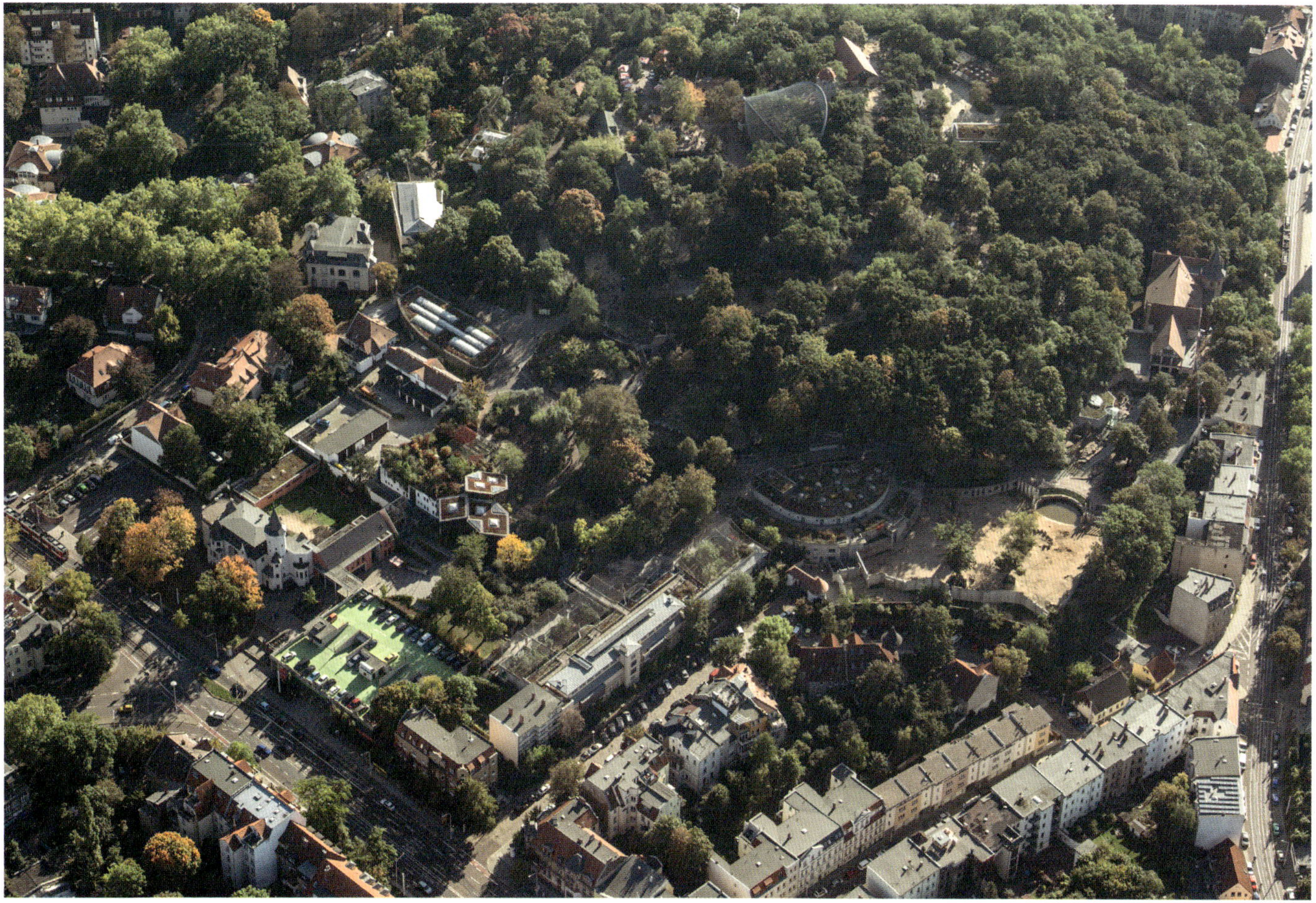

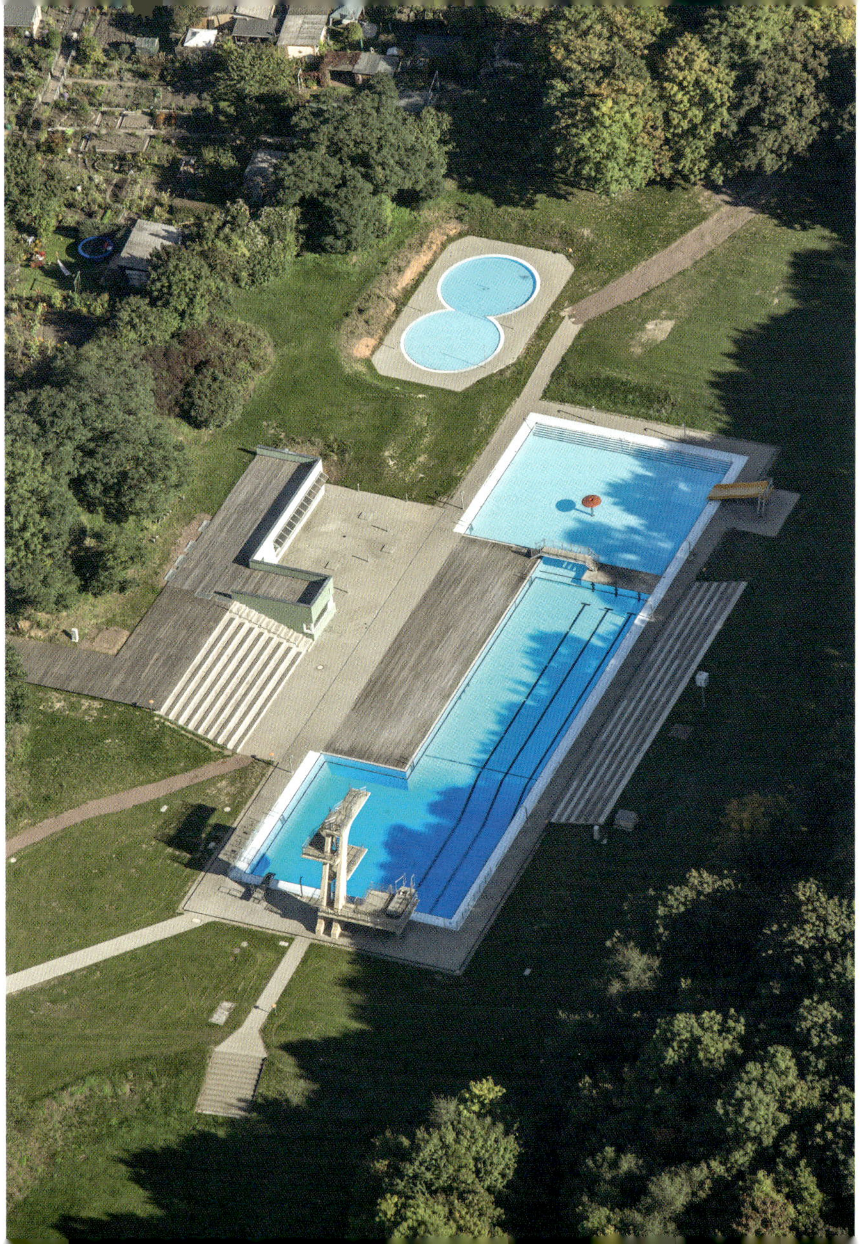

◄ Das Nordbad im Saaletal am Rande der Klausberge

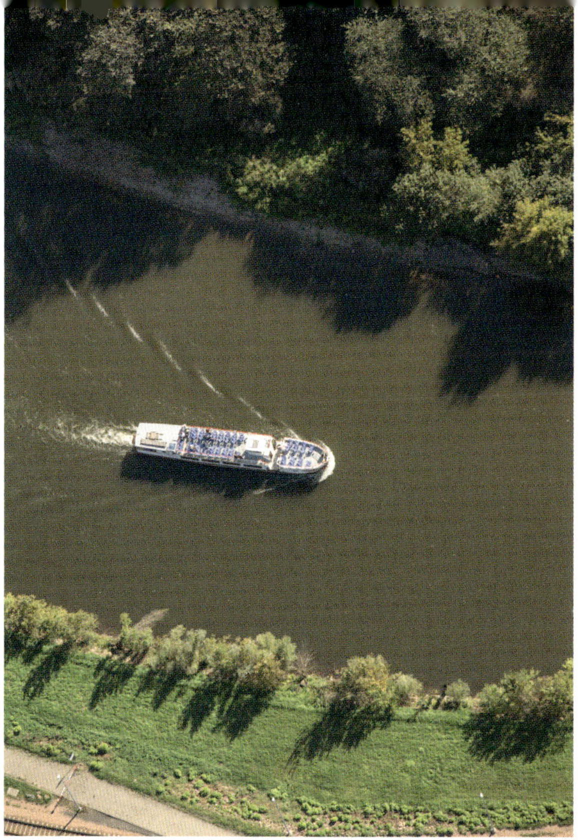

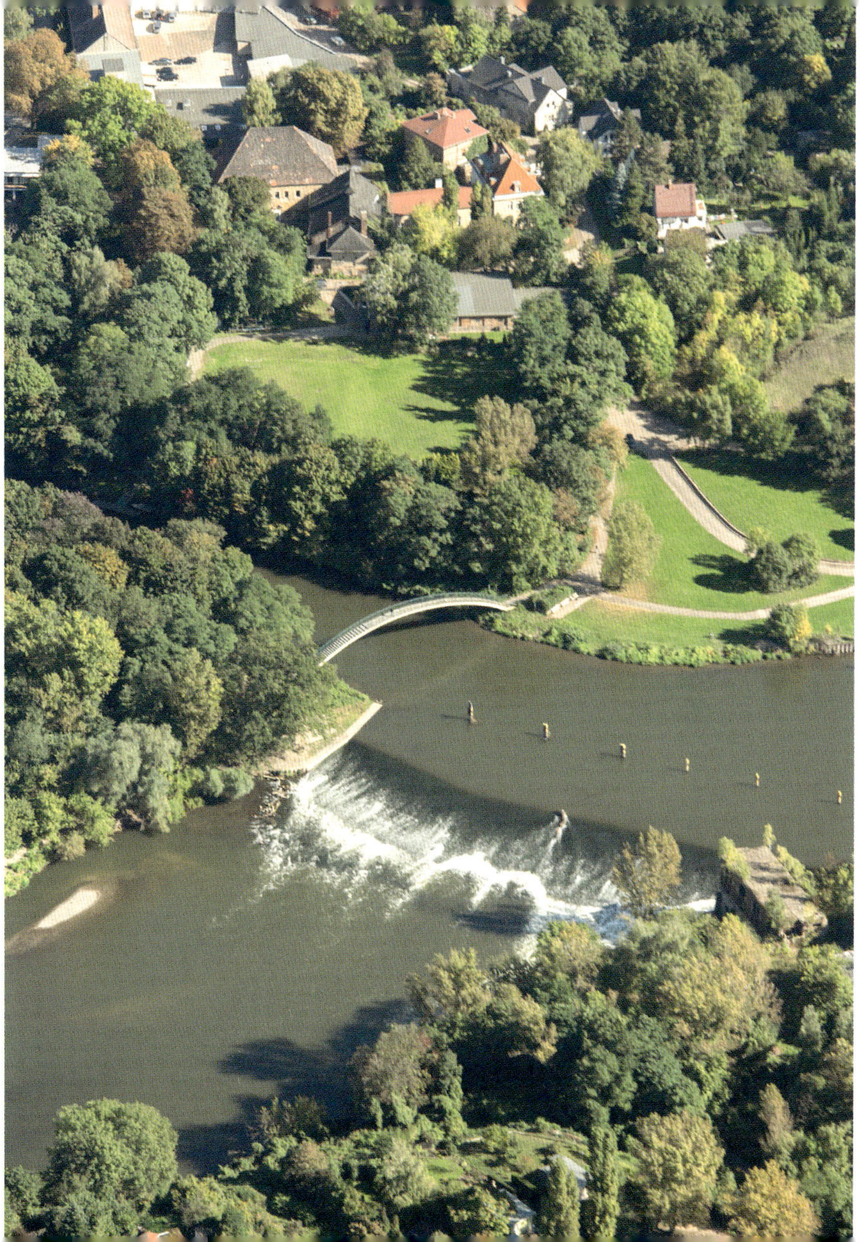

▲ Gastschifffahrt auf der Saale

▶ Das Trotha-Wehr und die Forstwerderbrücke, auch »Katzenbuckelbrücke« genannt

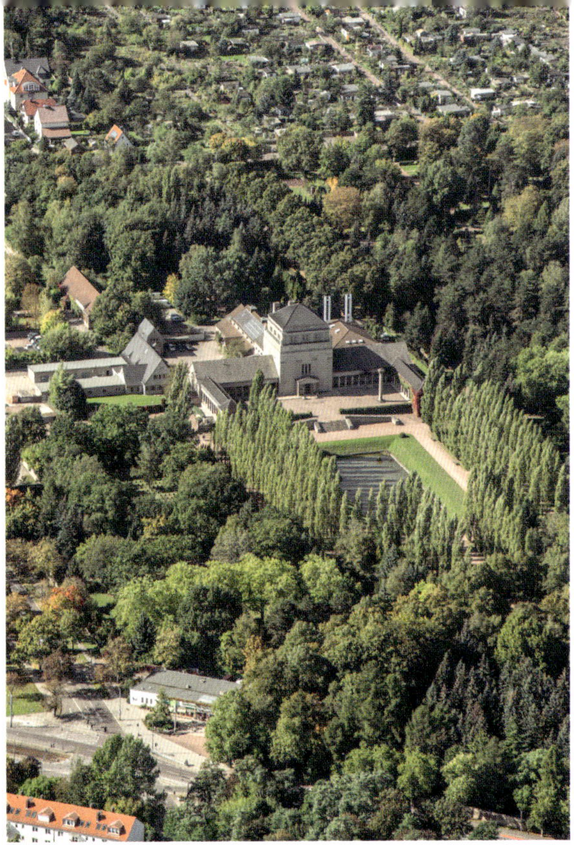

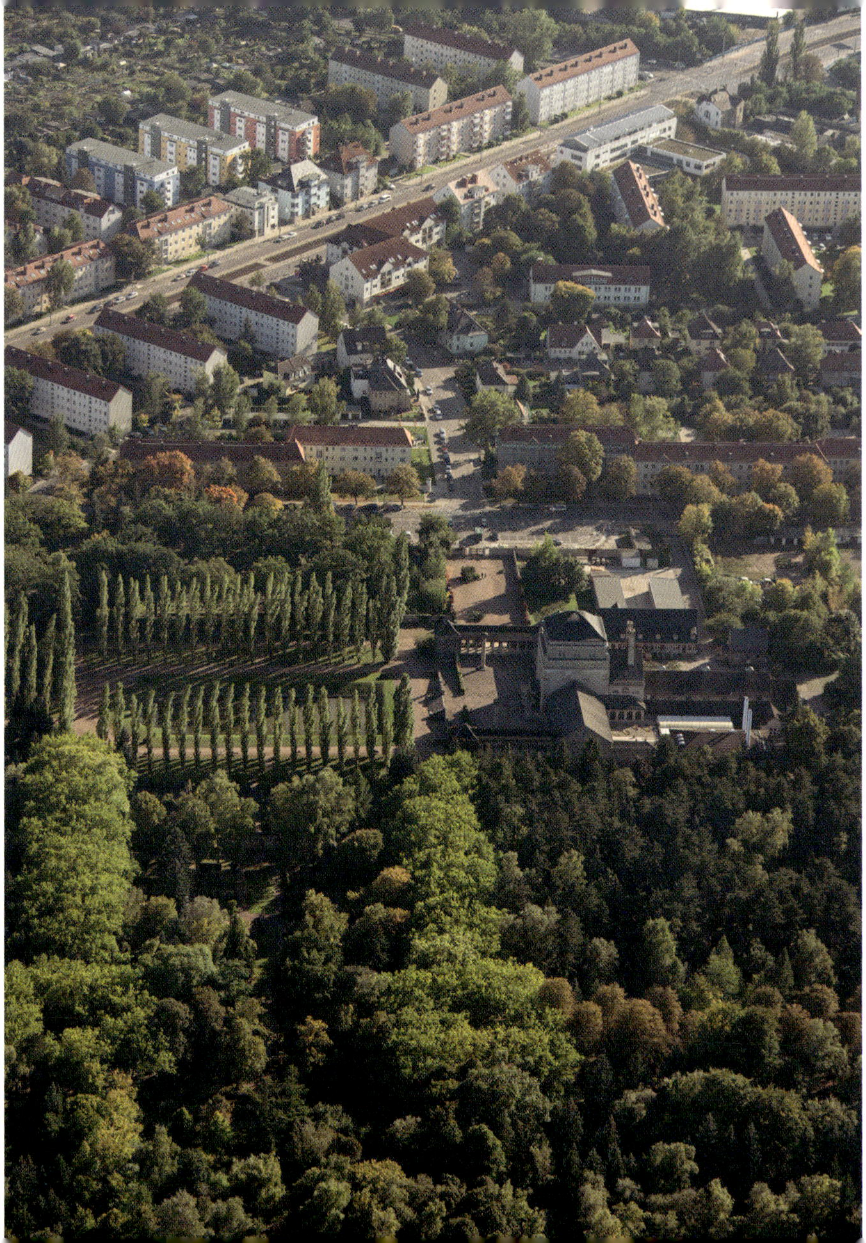

▲ Blick auf die große Feierhalle des Gertraudenfriedhofs

▶ Der Gertraudenfriedhof liegt zwischen dem Galgenberg und der Dessauer Straße

▶ Die Galgenbergschlucht

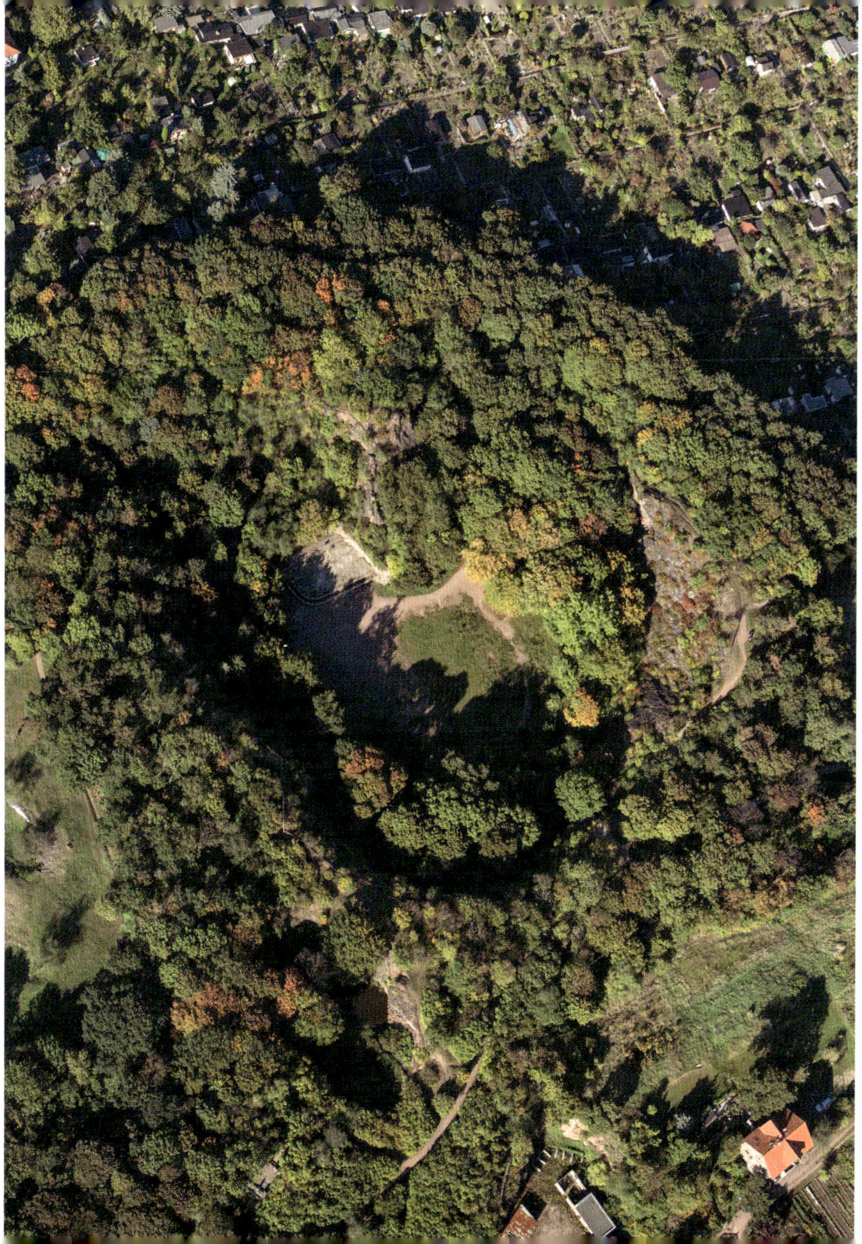

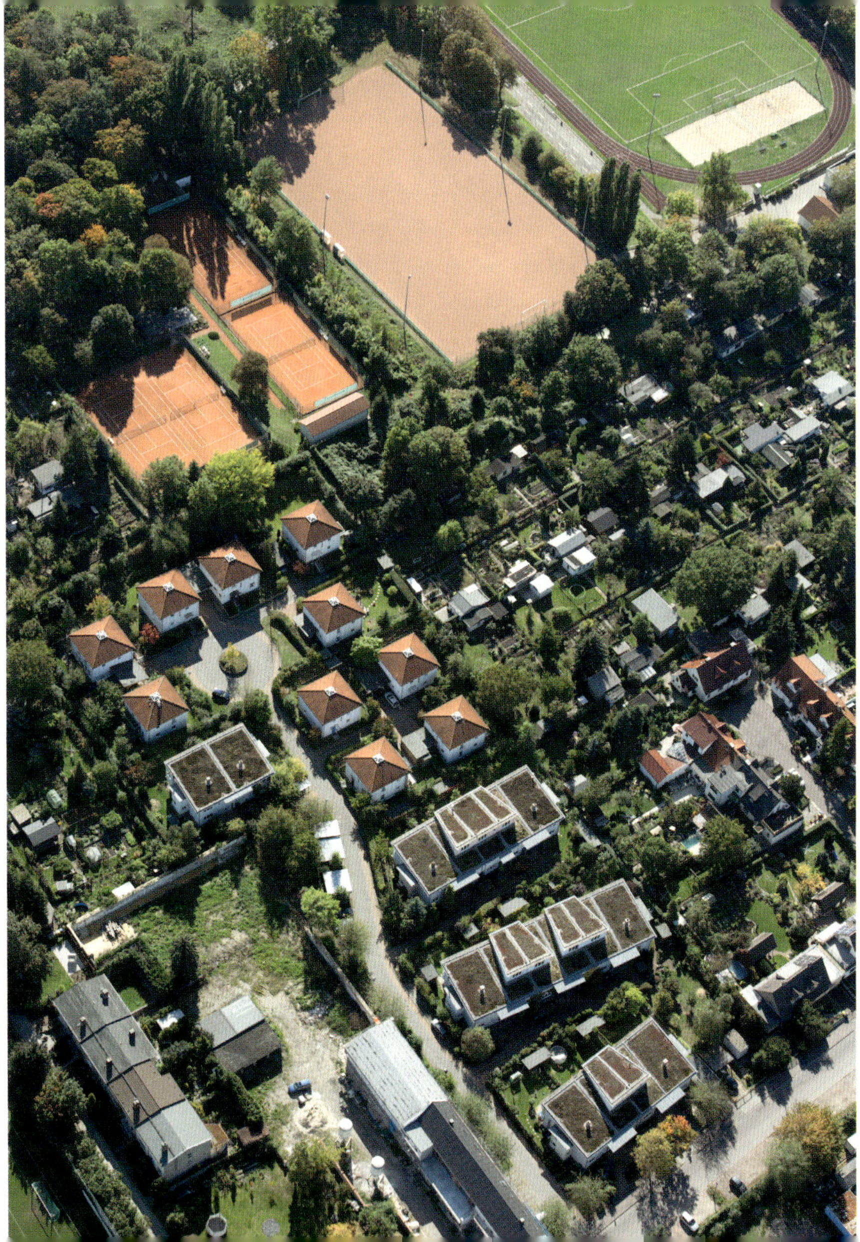

◂ Geschwister-Scholl-Straße mit dem Stadion am Zoo

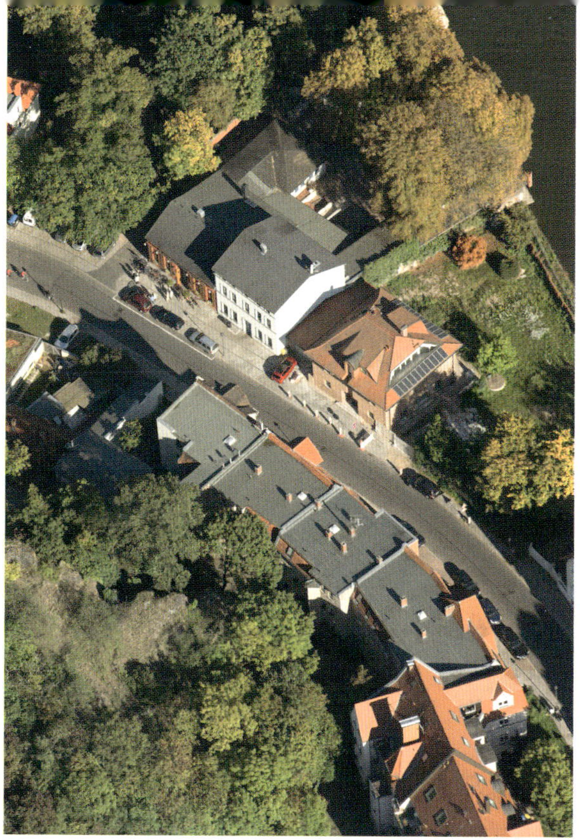

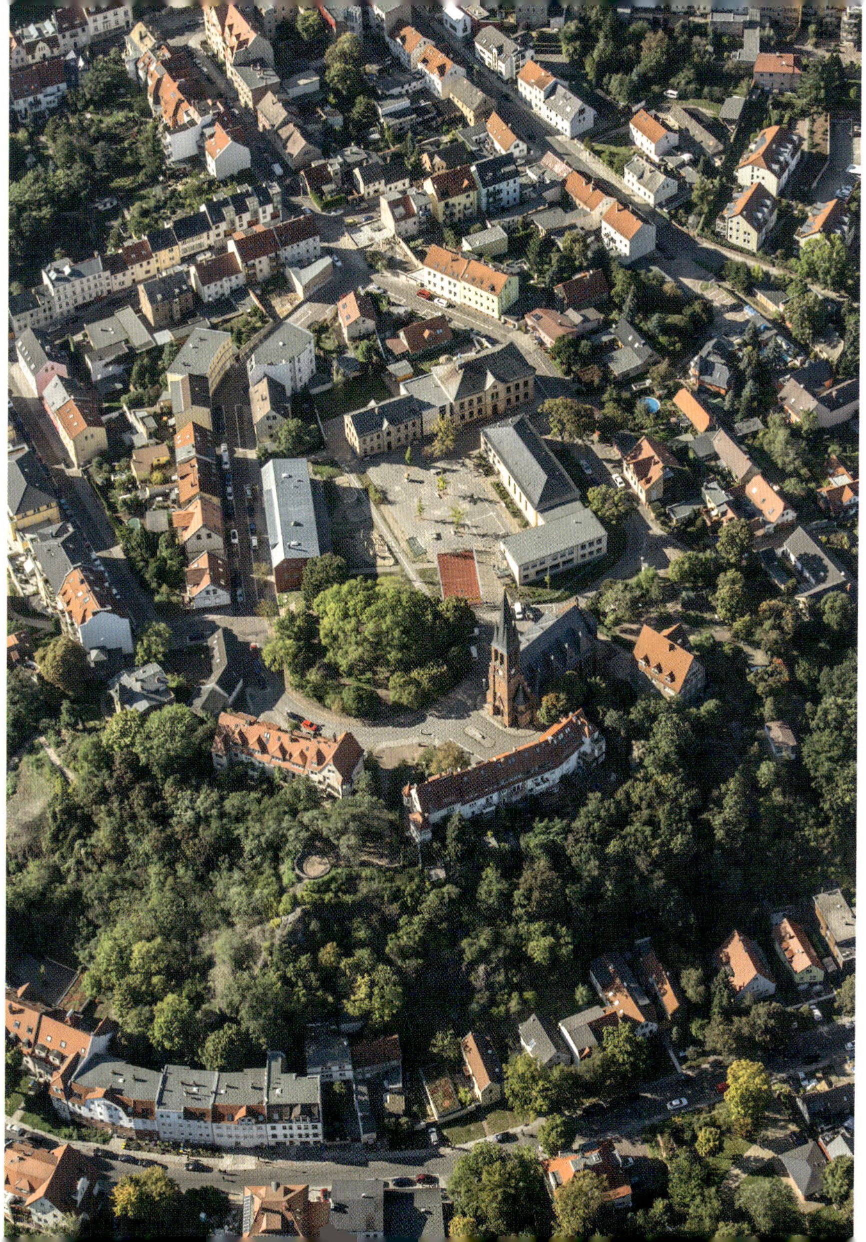

▲ Talstraße mit dem Krug zum Grünen Kranze

► An der Petruskirche in Kröllwitz

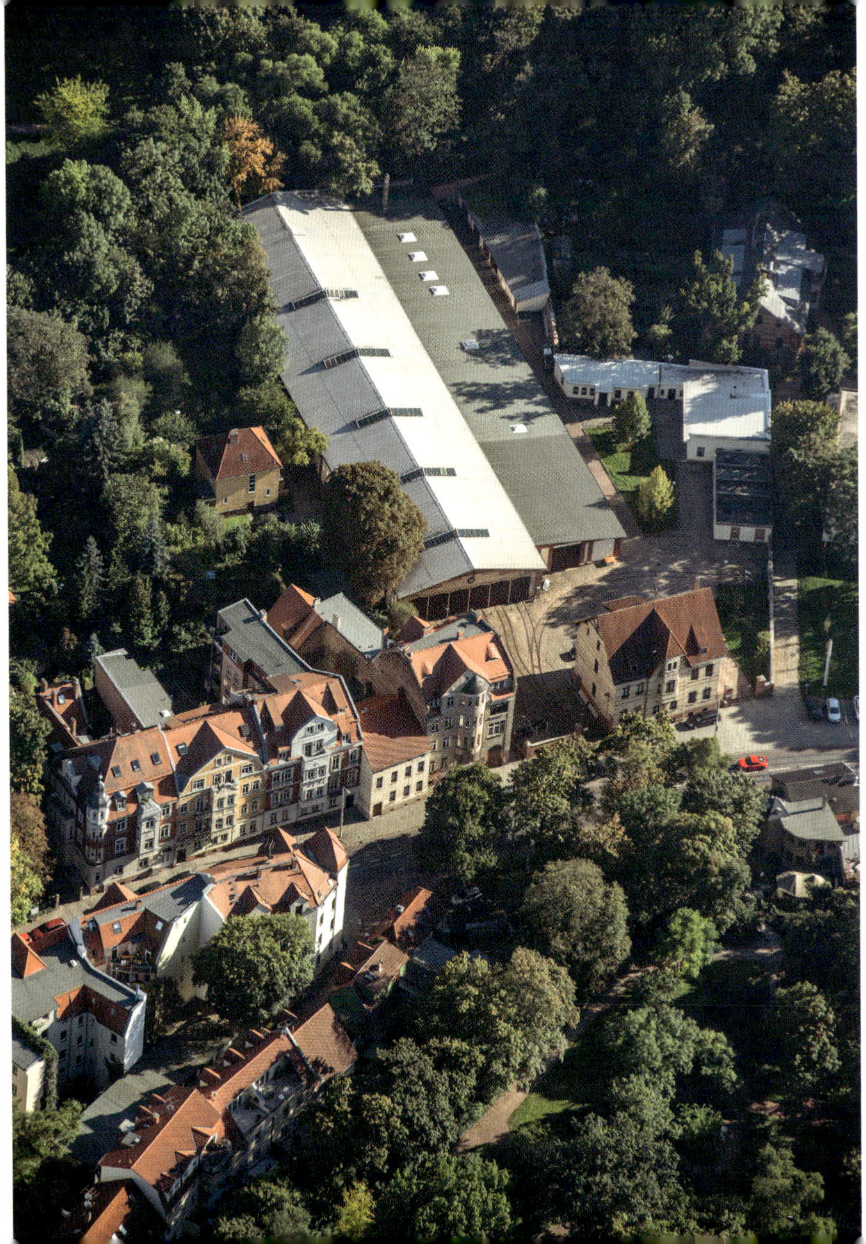

◂ Das Historische Straßenbahndepot in der Seebener Straße

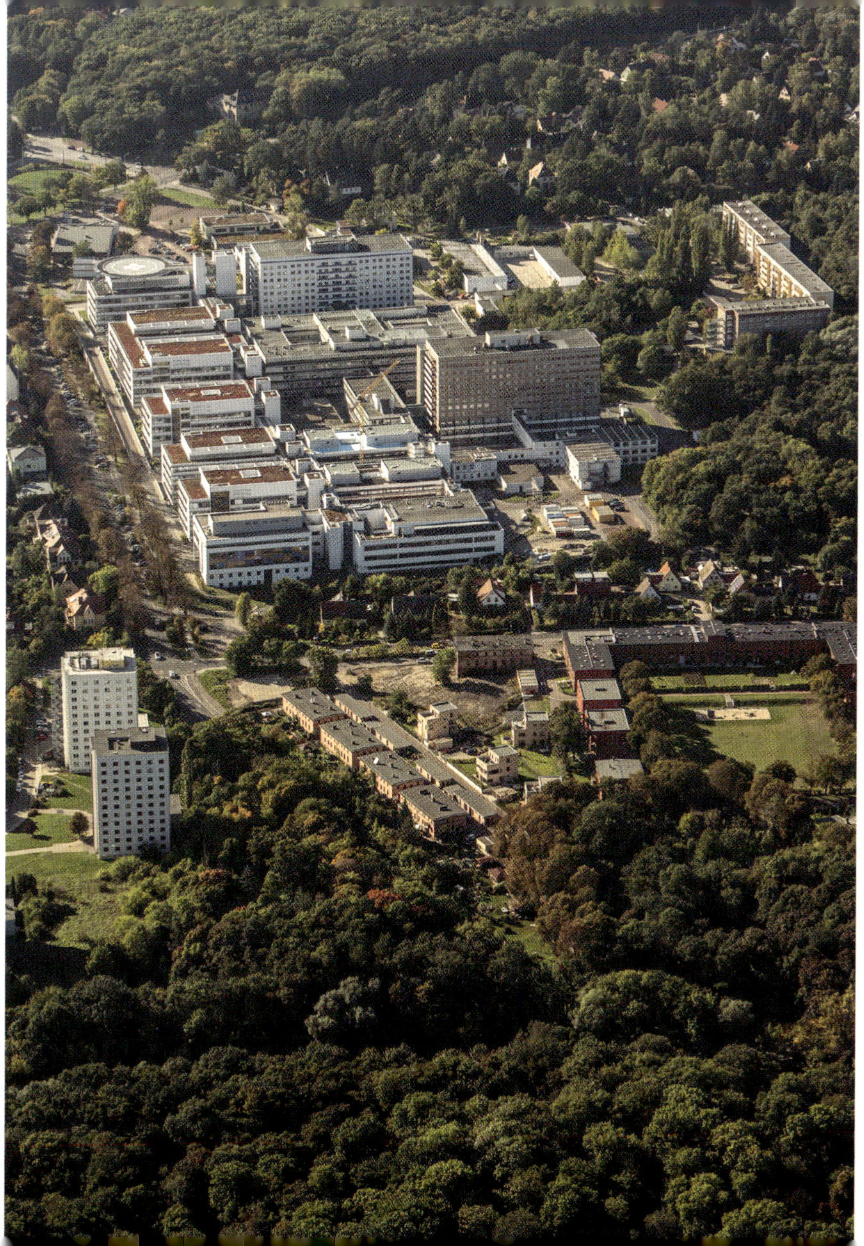

▸ Das Universitätsklinikum Halle-Kröllwitz an der Ernst-Grube-Straße

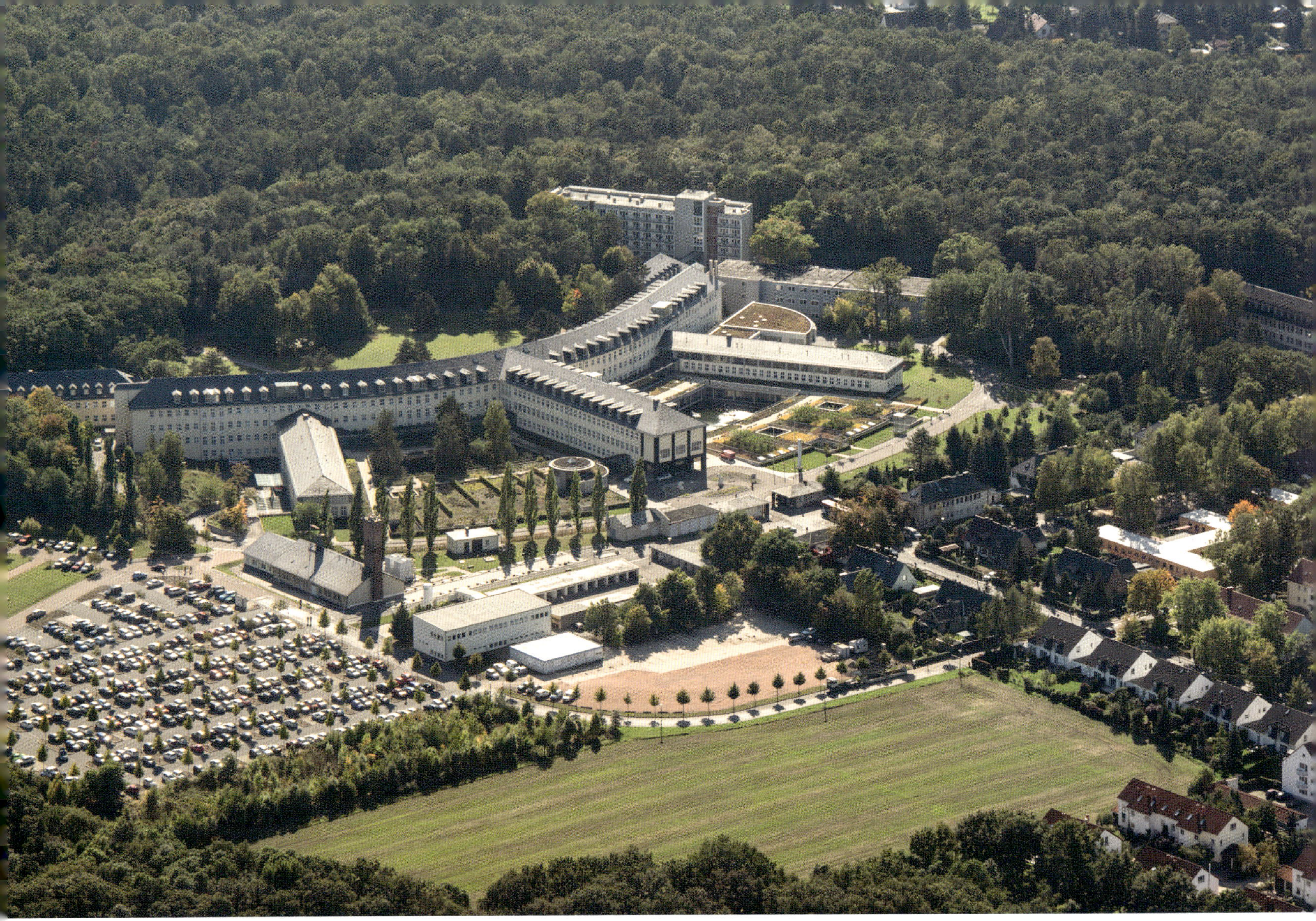

◄ Das Krankenhaus Martha-Maria Halle-Dölau am Rand der Dölauer Heide

► Das Technologie- und Gründerzentrum Halle im Weinbergweg

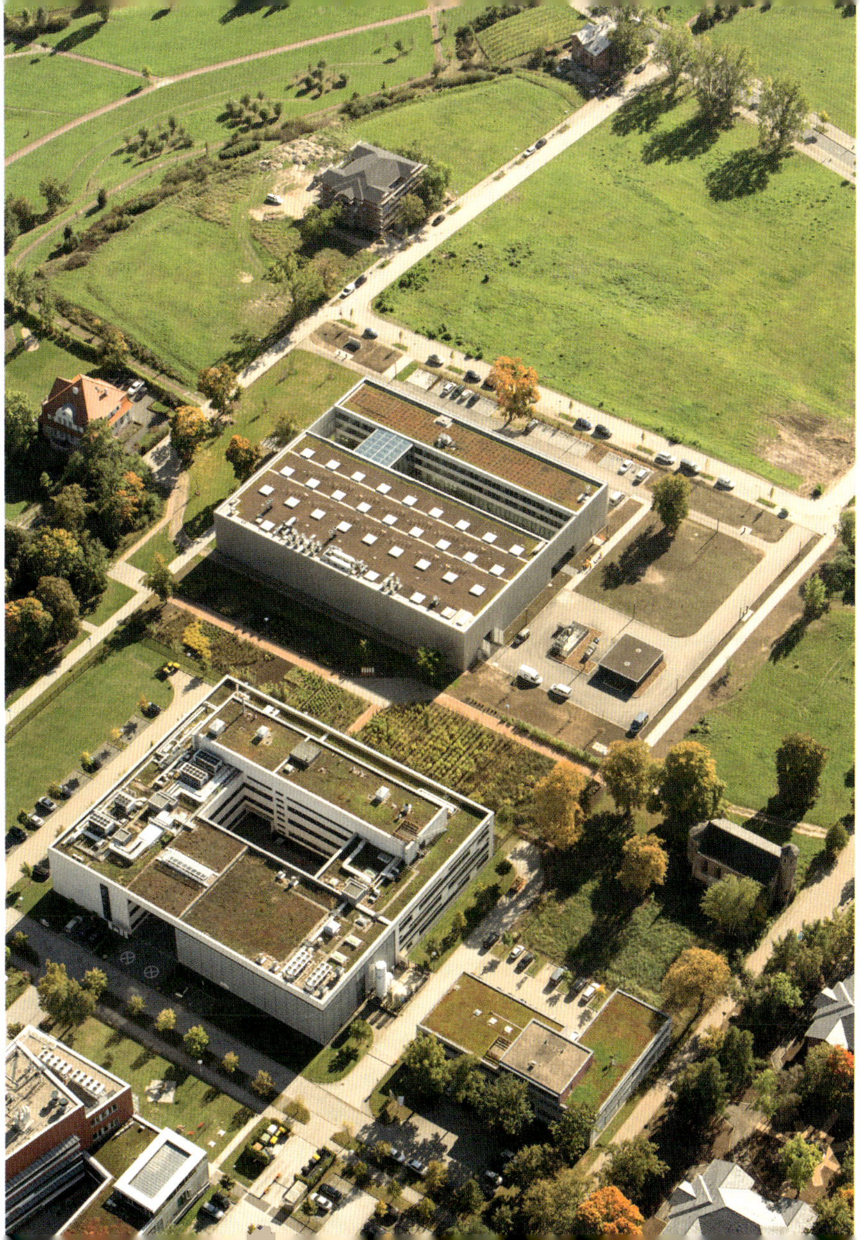

▼ Der Stadtteil Heide-Süd, Scharnhorststraße

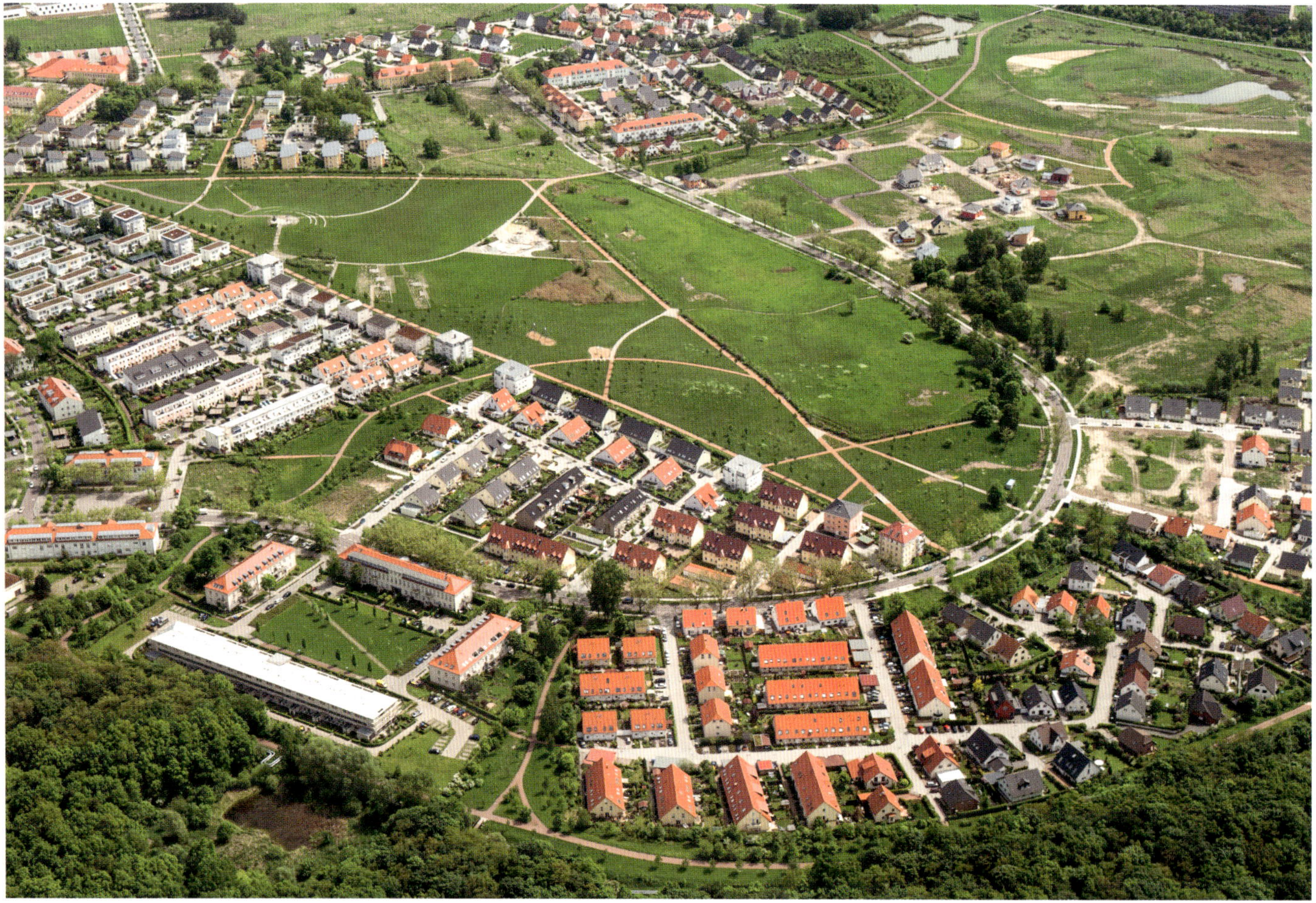

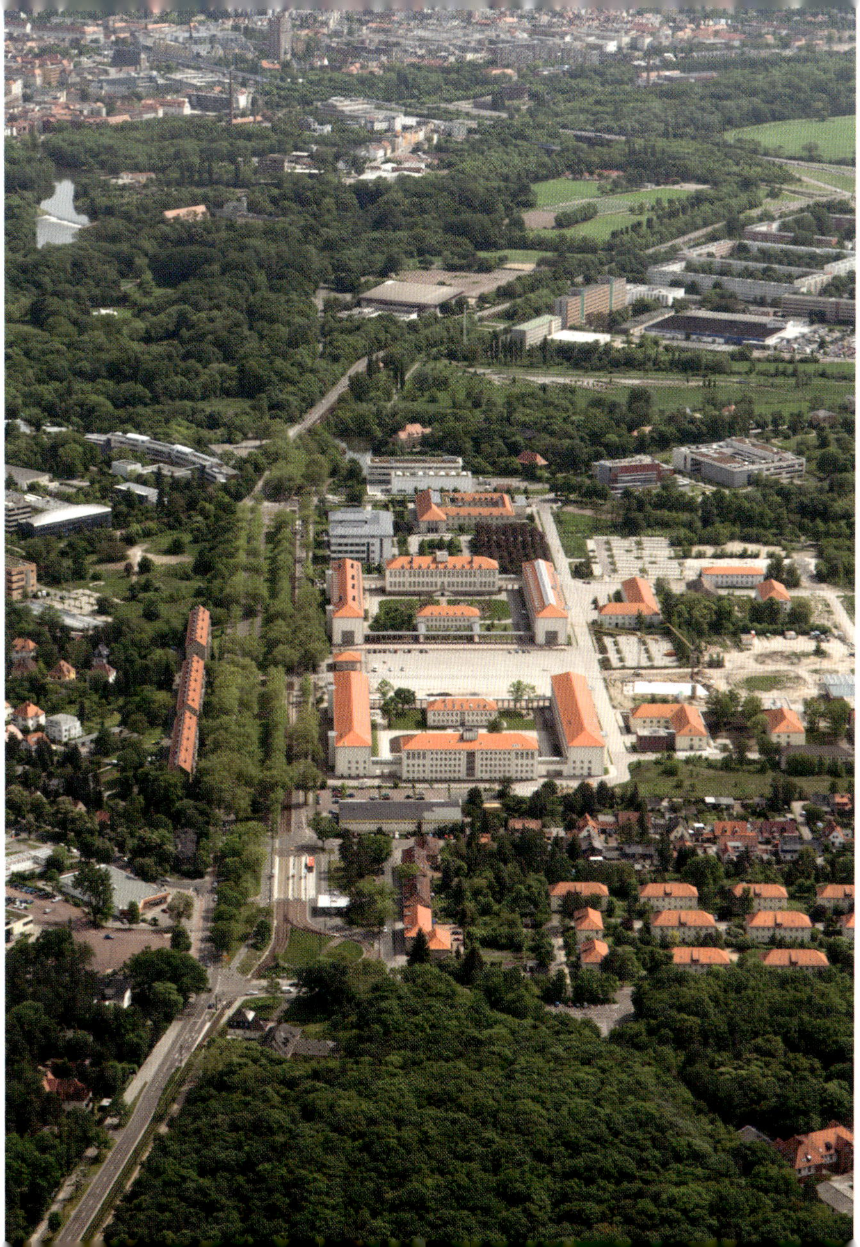

▶ Wissenschaftliche Institute der Martin-Luther-Universität in der Heideallee

▼ Die Neustädter Passage in Halle-Neustadt

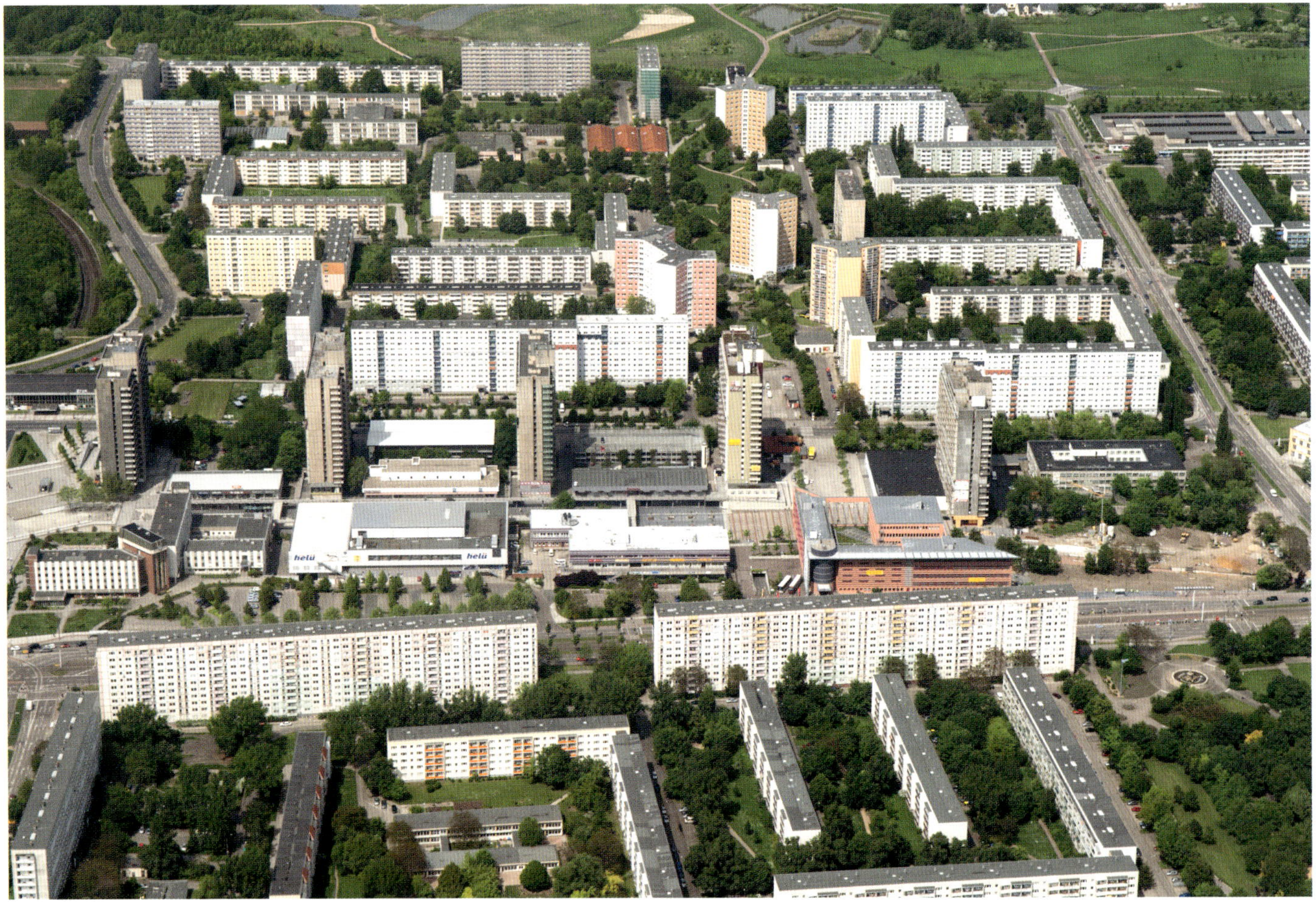

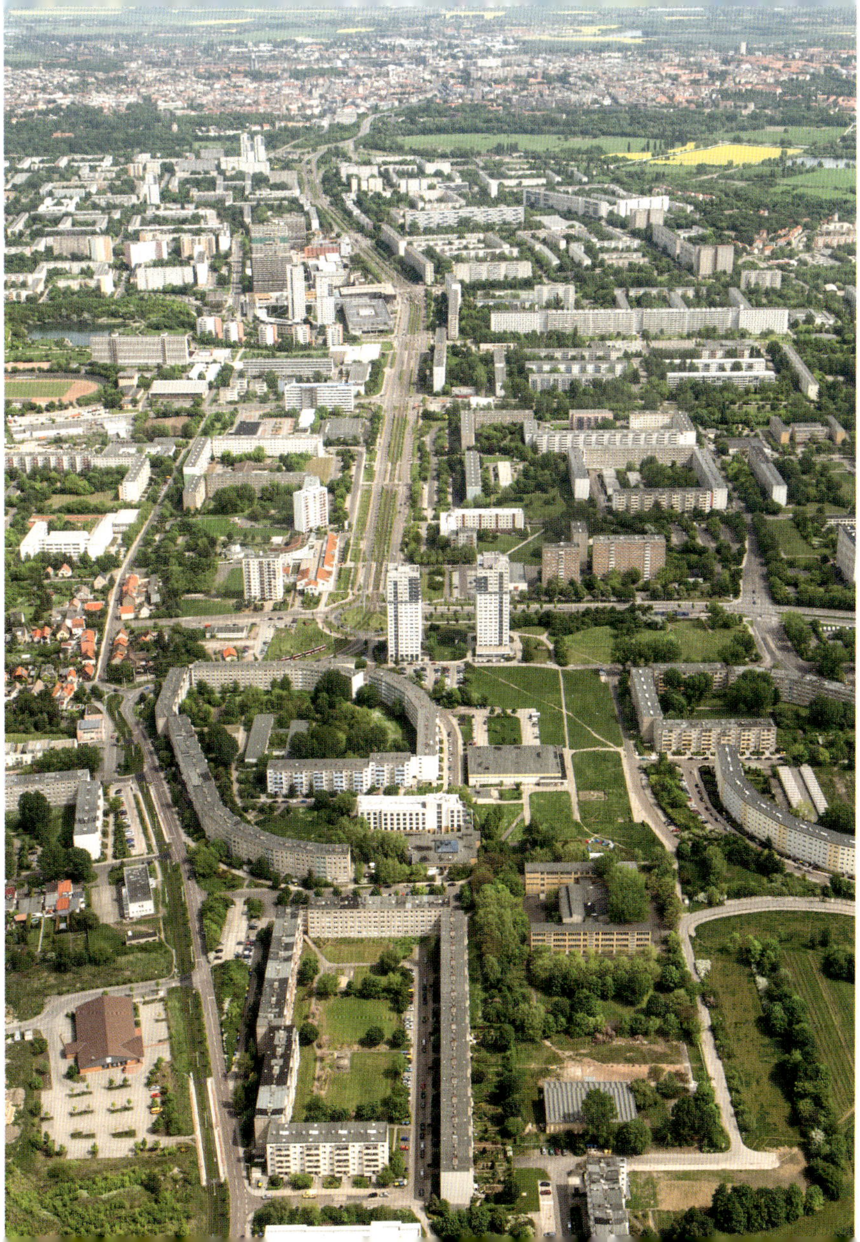

▶ Blick über Halle-Neustadt aus westlicher Richtung

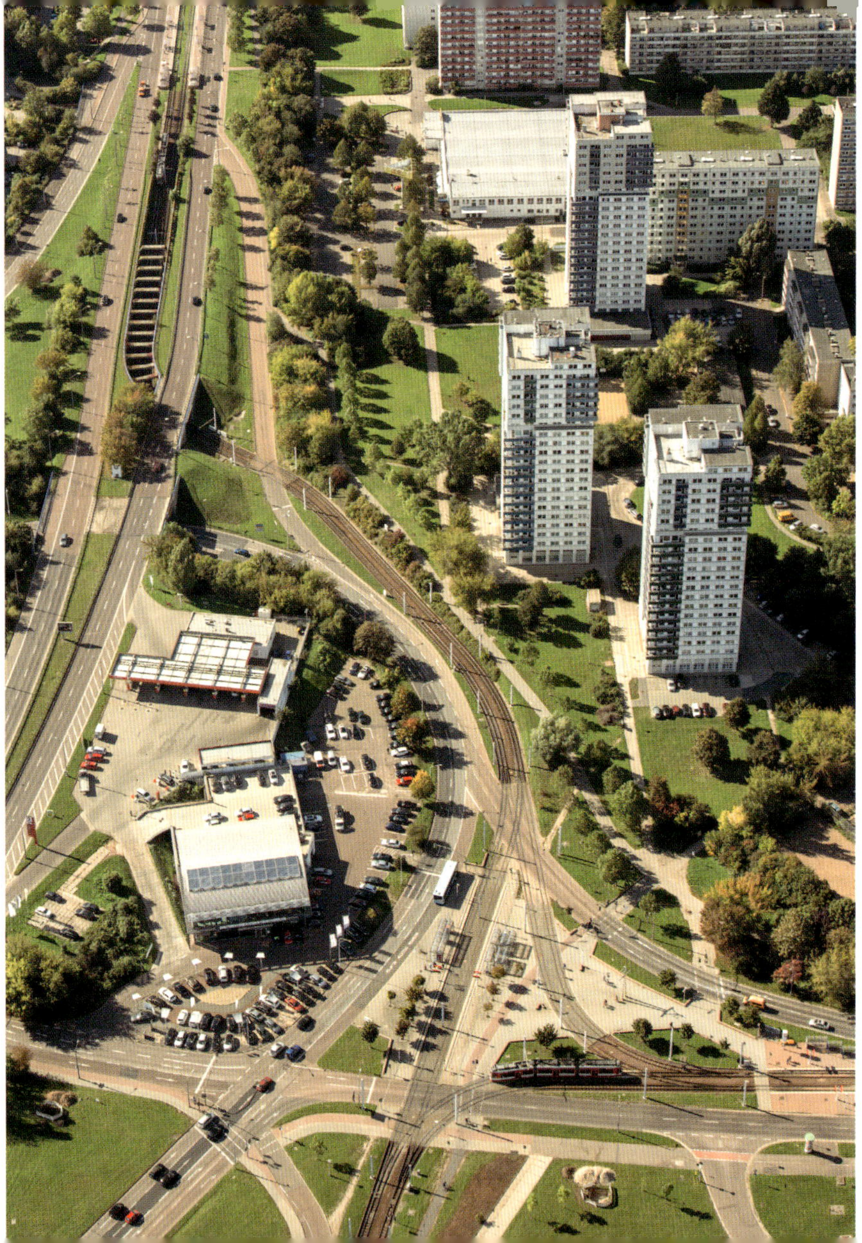

◄ Die drei 22-geschossigen Punkthochhäuser am Rennbahnkreuz markieren den Beginn der Magistrale

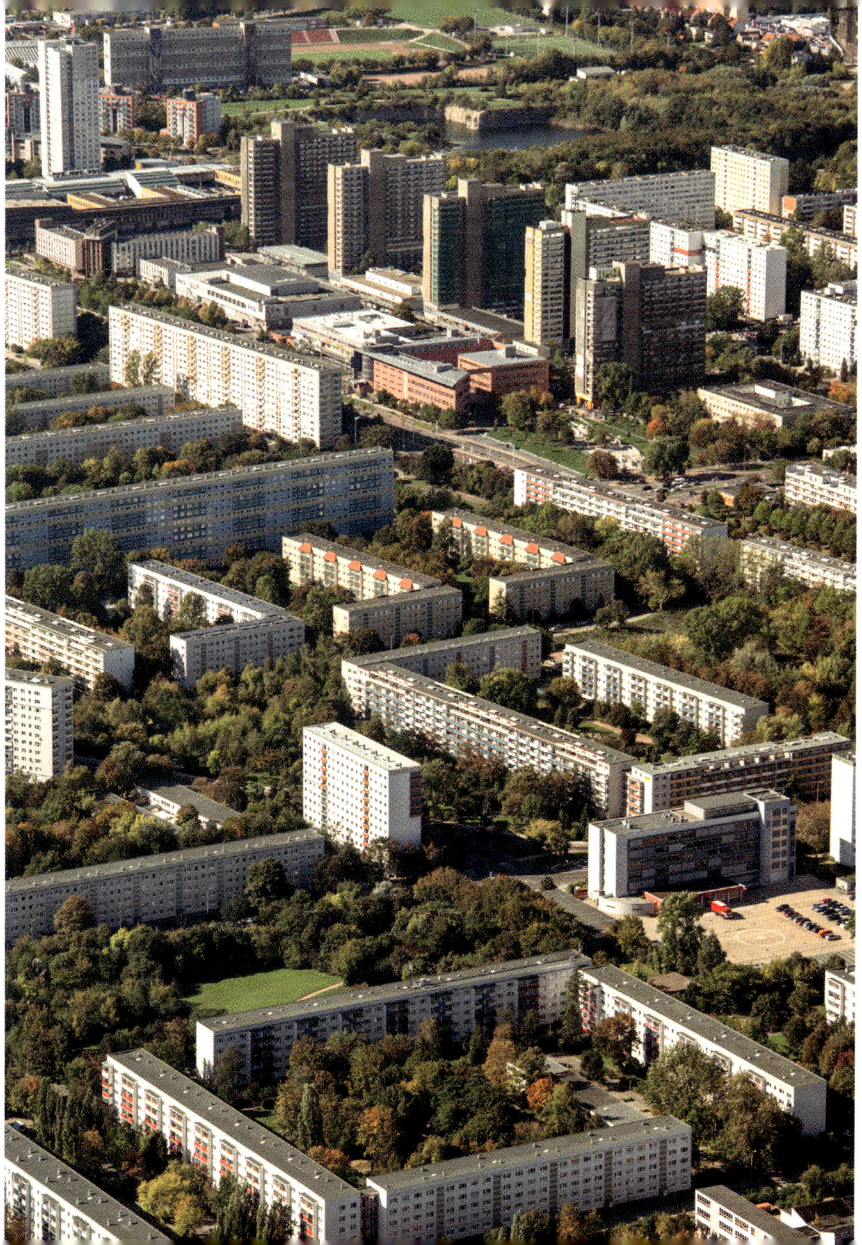

▸ An der Feuerwache und Neustädter Passage

▼ Carl-Schorlemmer-Ring und Neustädter Passage

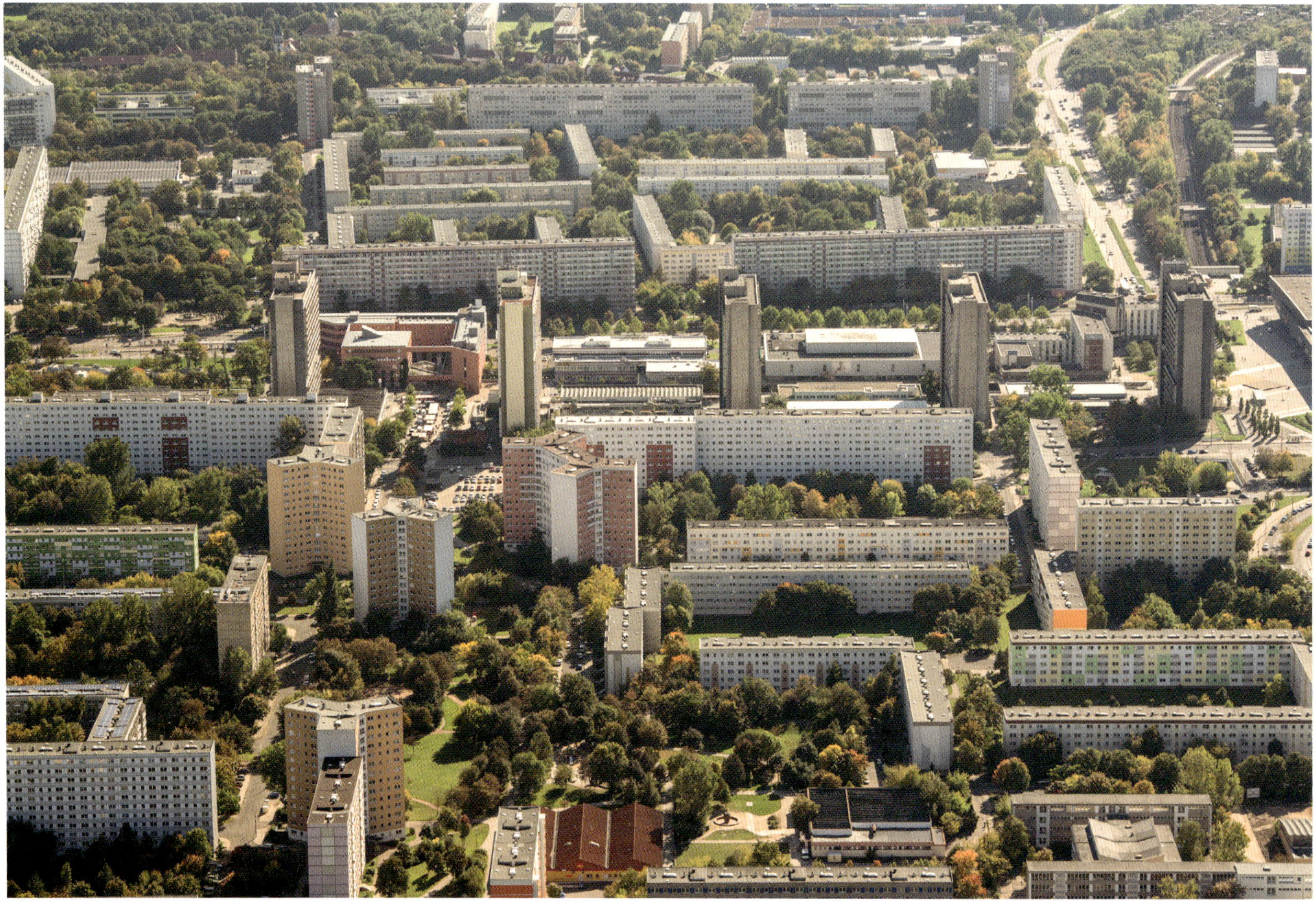

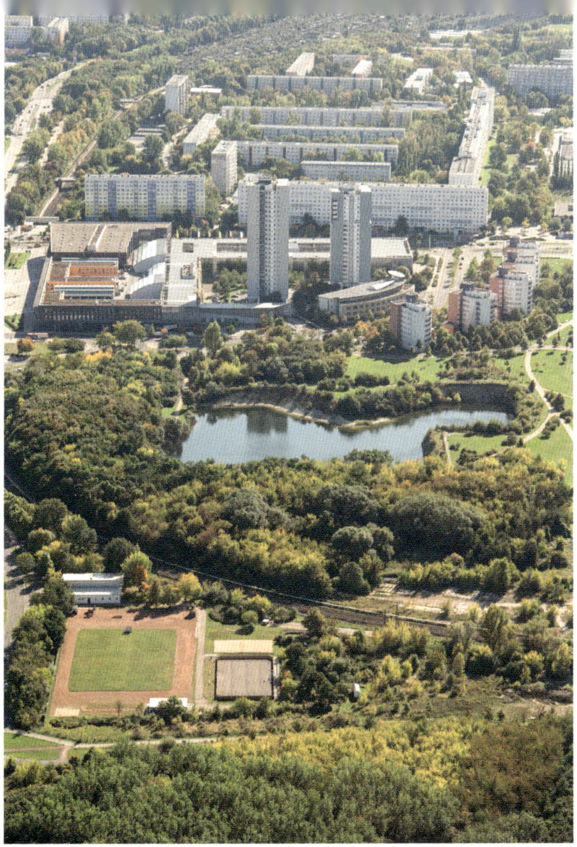

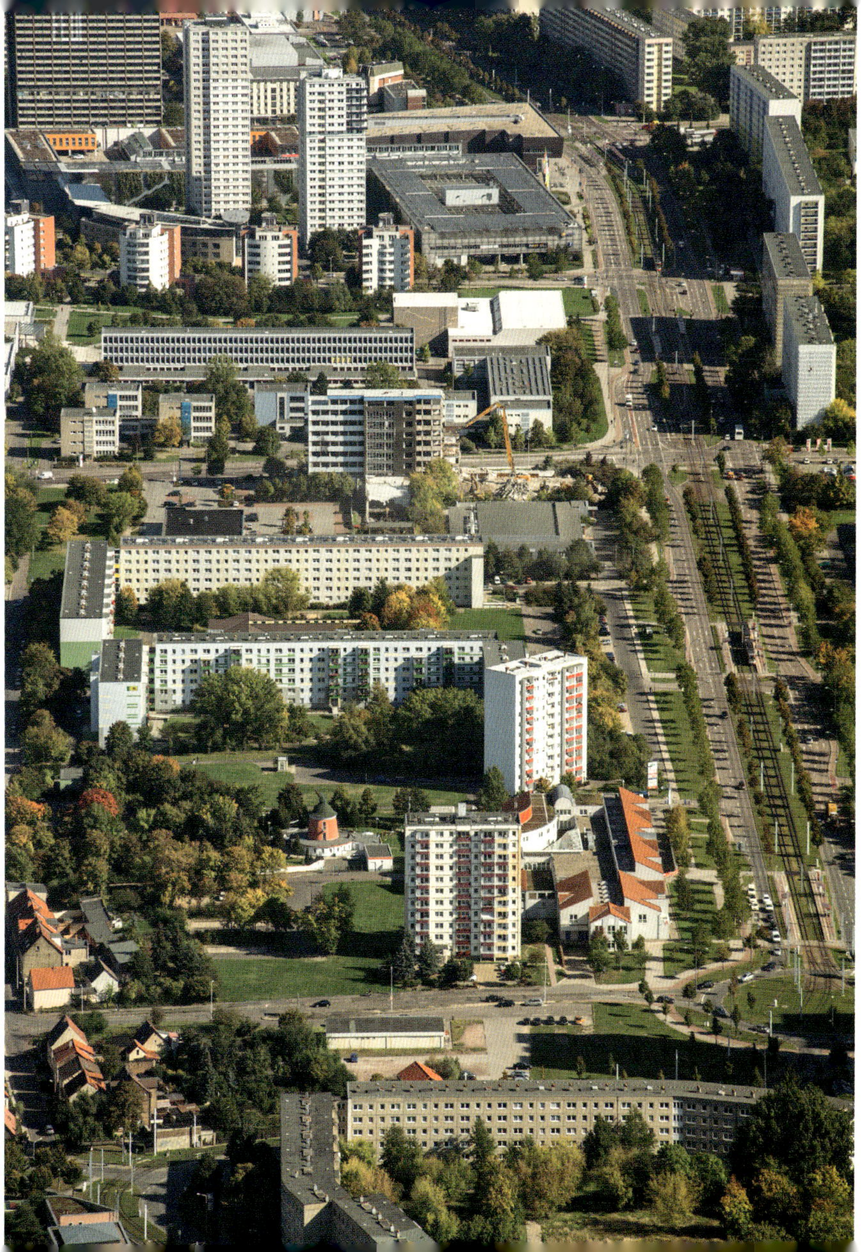

▲ Blick über den Bruchsee mit Stadtpark

▶ Blick entlang der Magistrale von der Eselsmühle bis zum Neustadt-Centrum

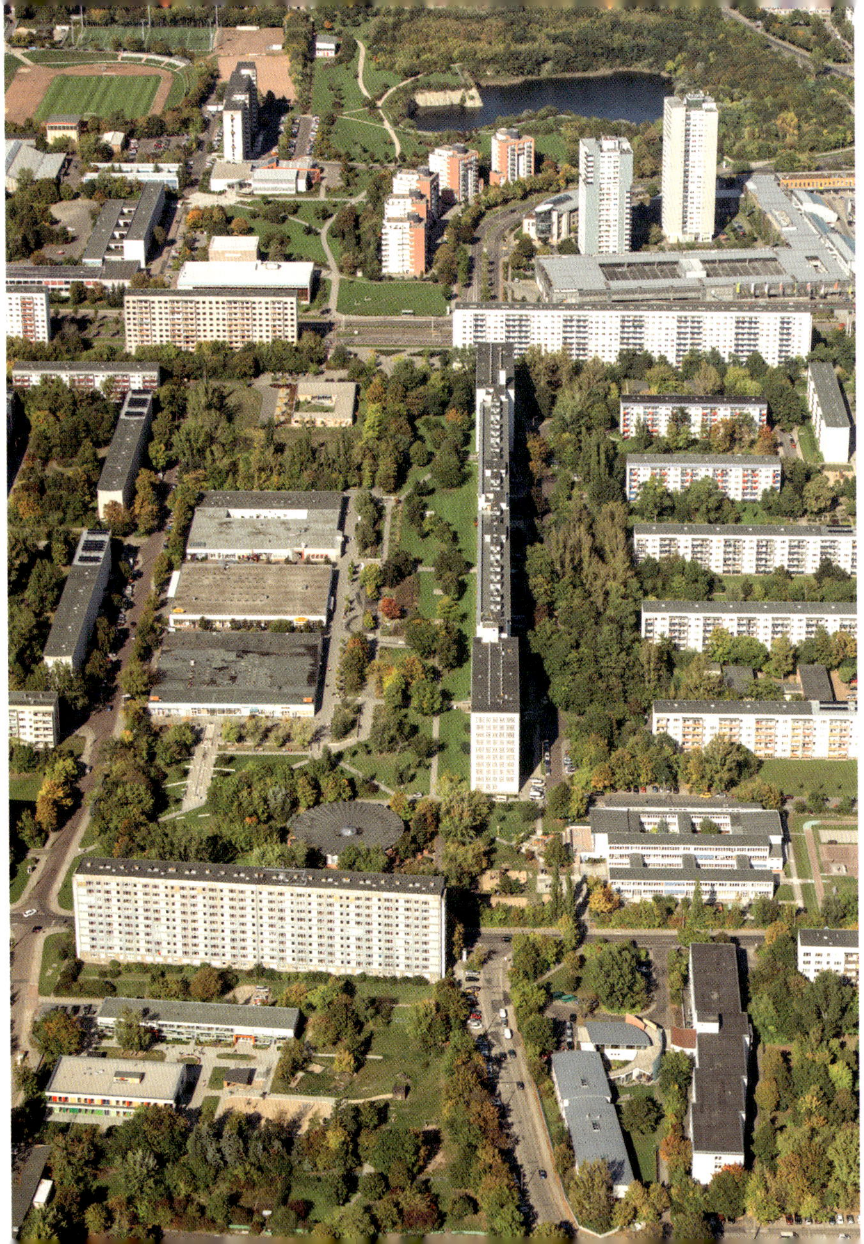

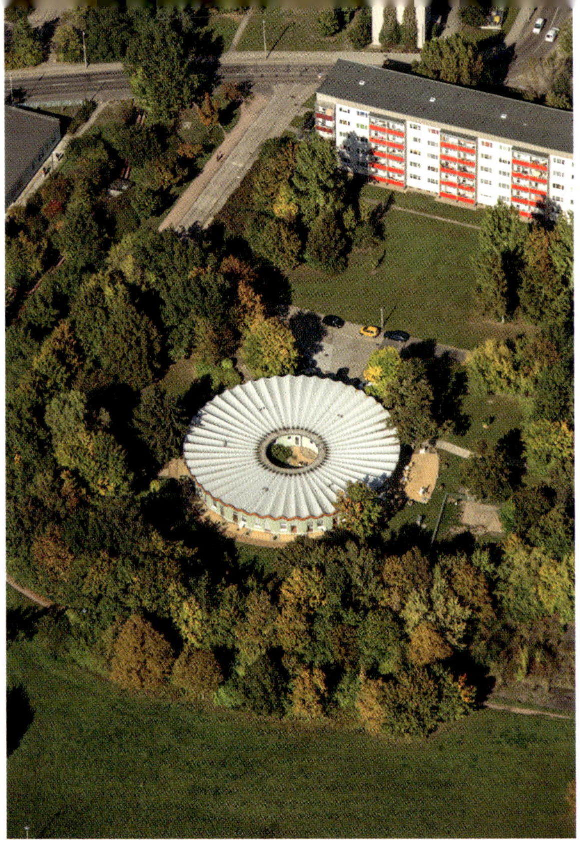

▲ Am Kinderdorf in Halle-Neustadt

◄ Blick über den Gastronom bis zum Bruchsee

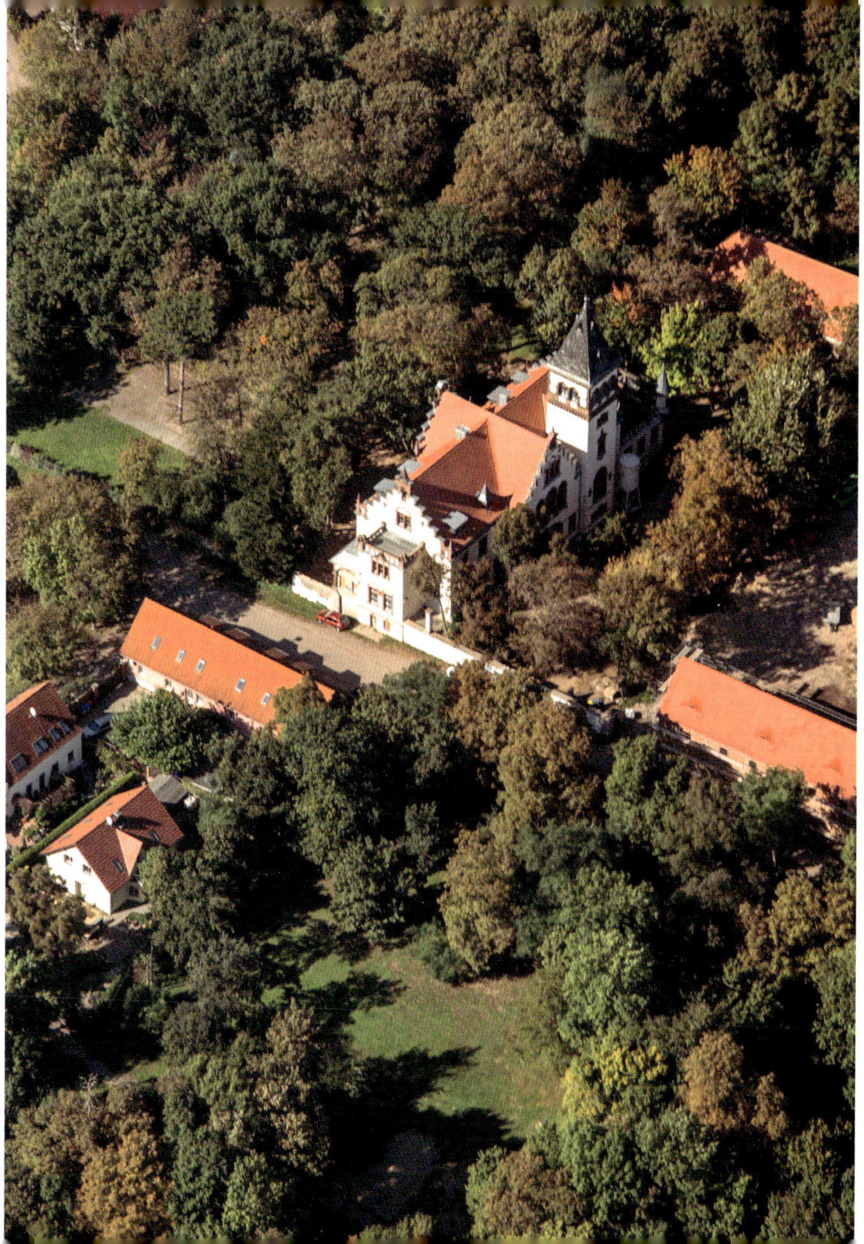

▶ Das Passendorfer Schlösschen in der Neustädter Teichstraße

▼ Weststraße mit Göttinger Bogen (links)
in Halle-Neustadt

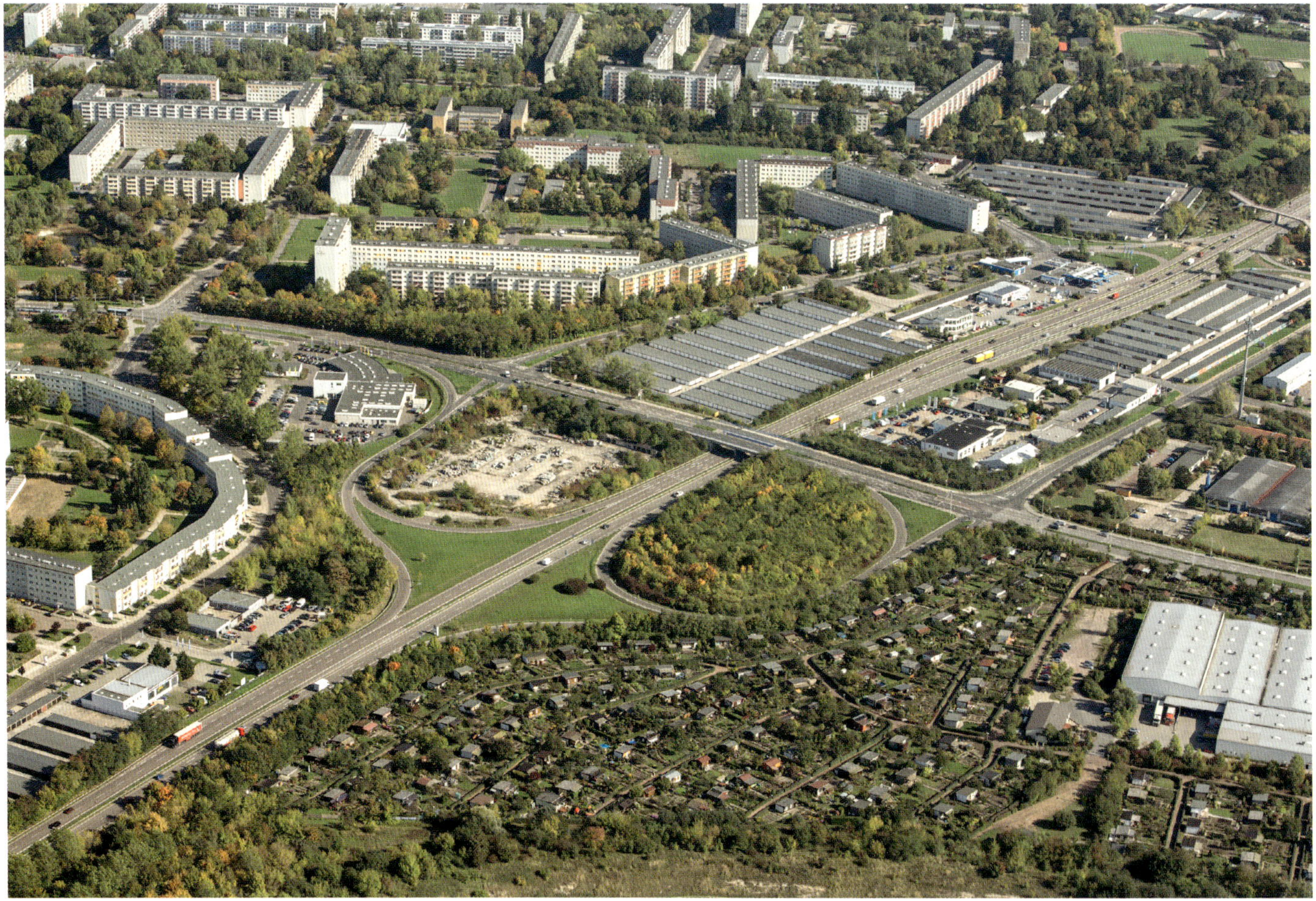

▼ Blick über Halle-Neustadt

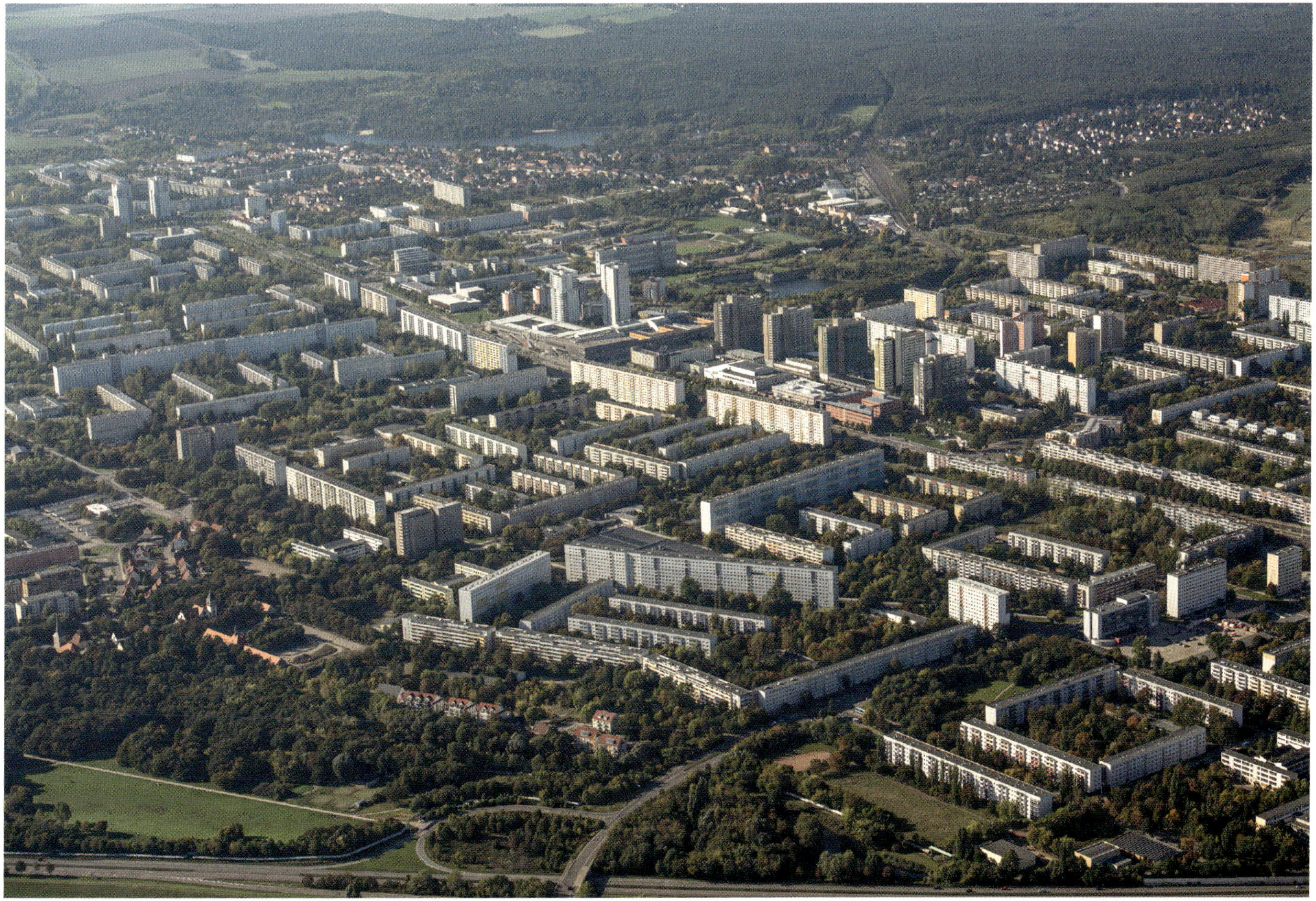

▼ Die Pferderennbahn (Passendorfer Wiesen) am westlichen Ufer der Saale

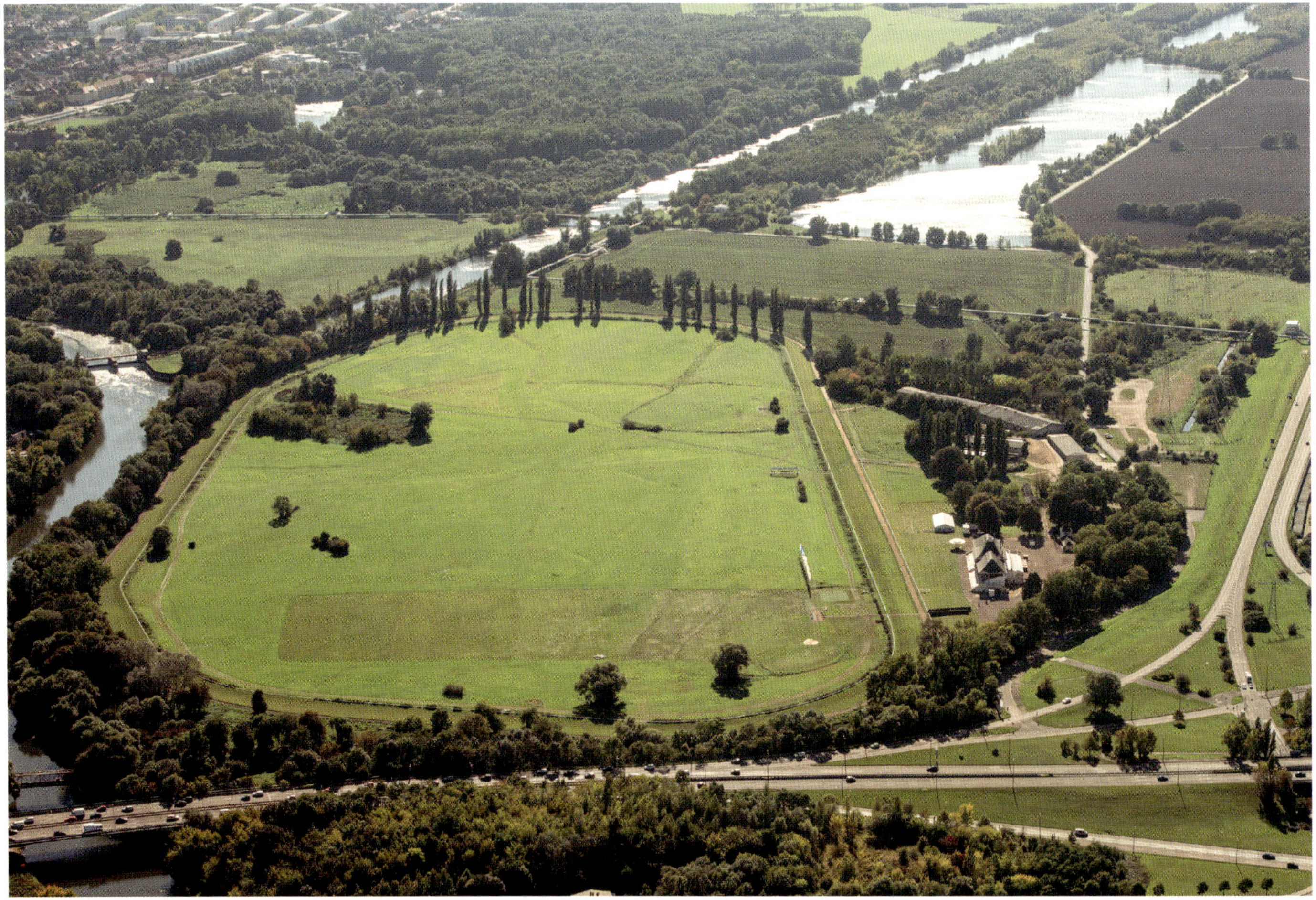

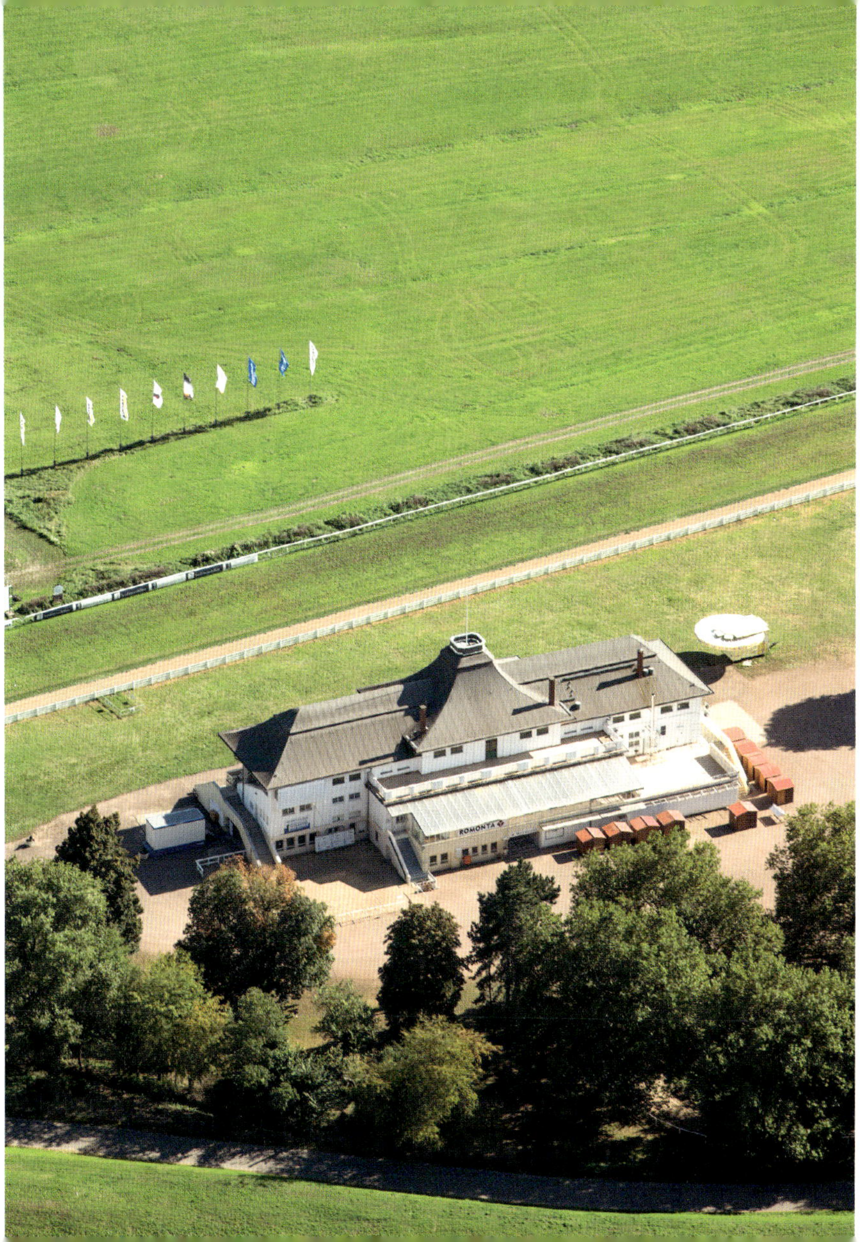

▸ Pferderennbahn mit Haupttribüne und Nebenanlagen

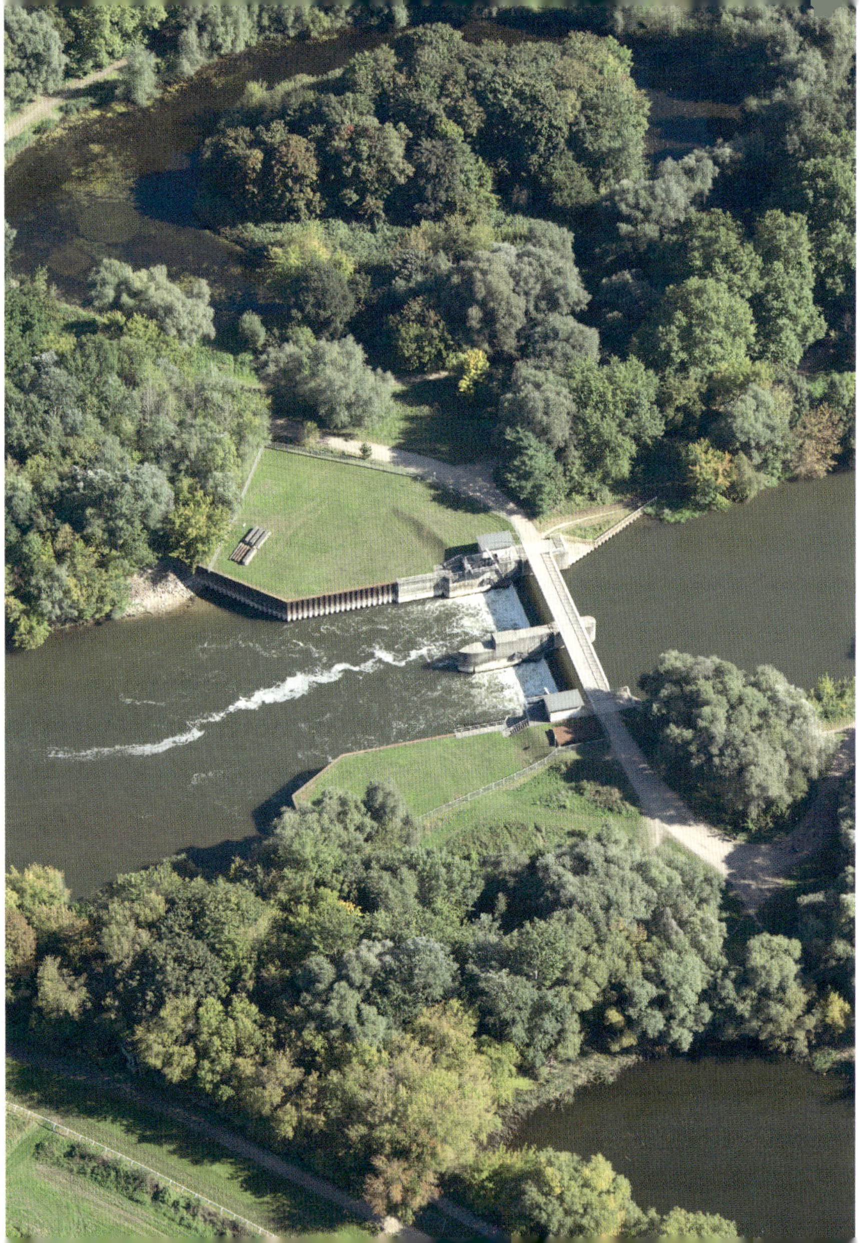

◄ Das Wehr an der Elisabeth-Saale mit dem Ringteich auf den Pulverweiden

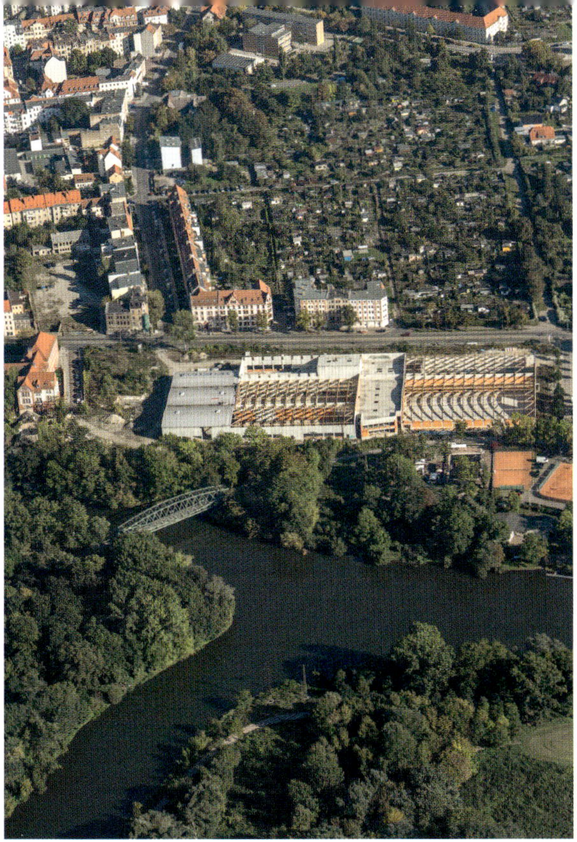

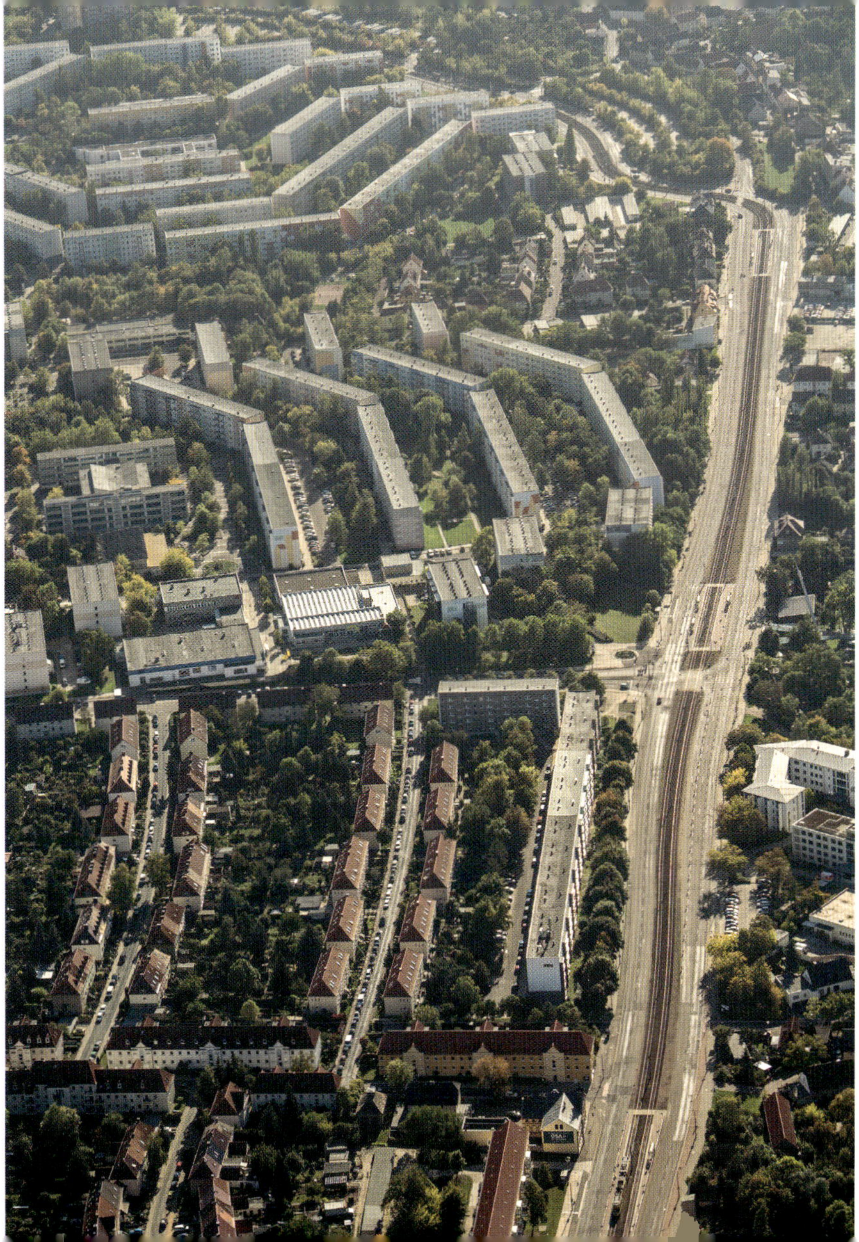

▲ Die Hafenbahnbrücke zwischen Pulverweiden und Glaucha

▶ Blick entlang des Böllberger Wegs bis in die Südstadt

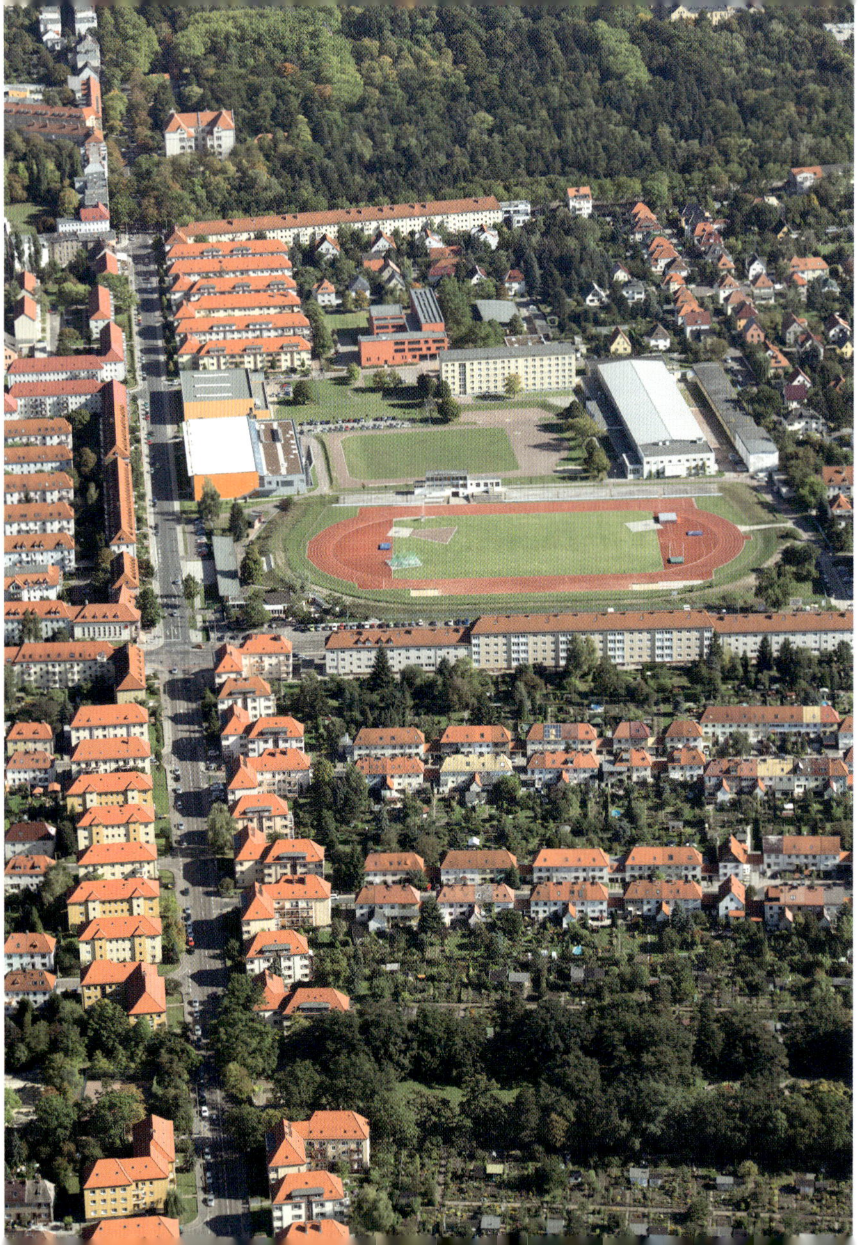

◂ Pestalozzistraße und Robert-Koch-Straße mit Leichtathletikstadion

▼ Der Erdgas Sportpark, ehemals Kurt-Wabbel-Stadion, in der Kantstraße

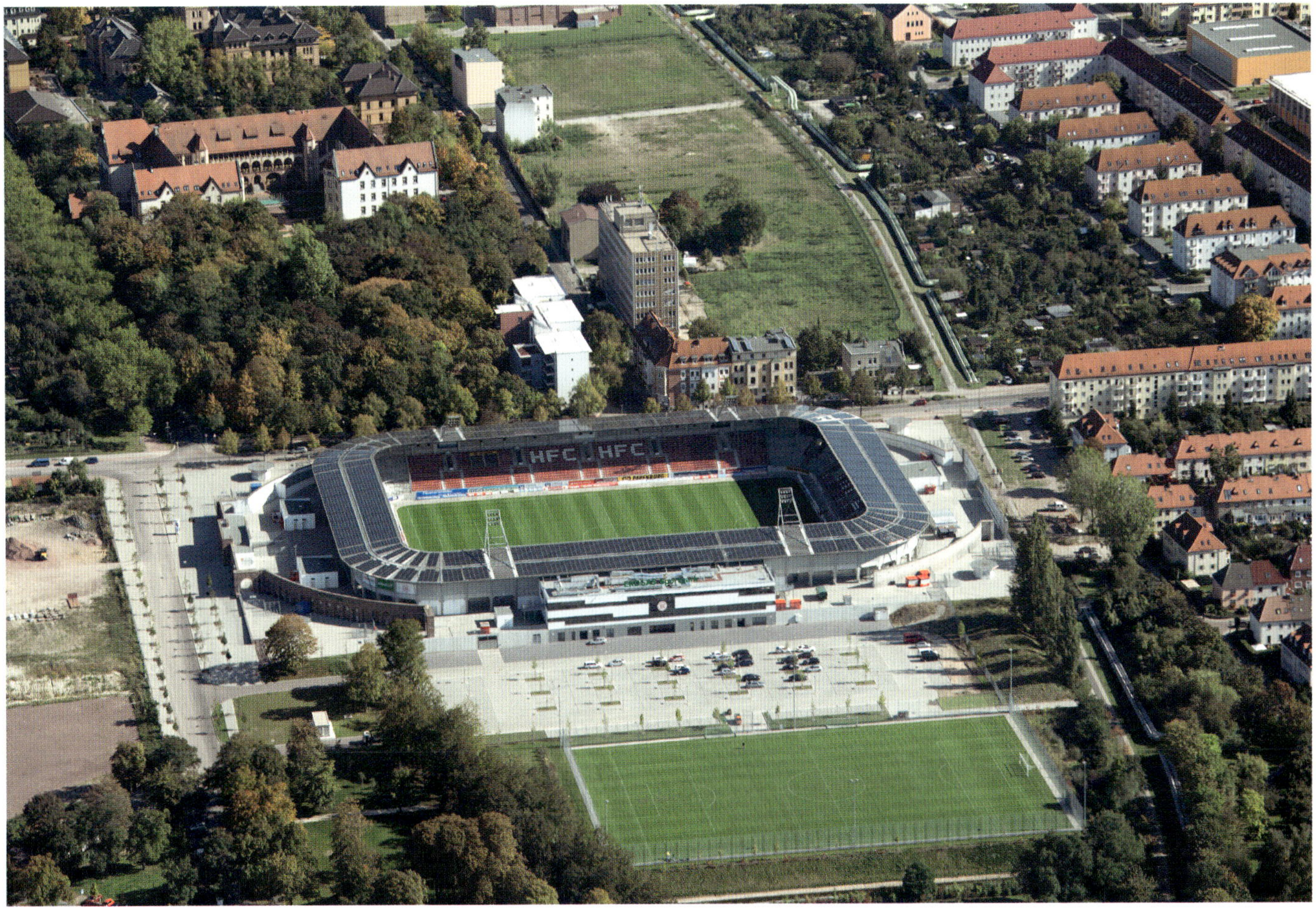

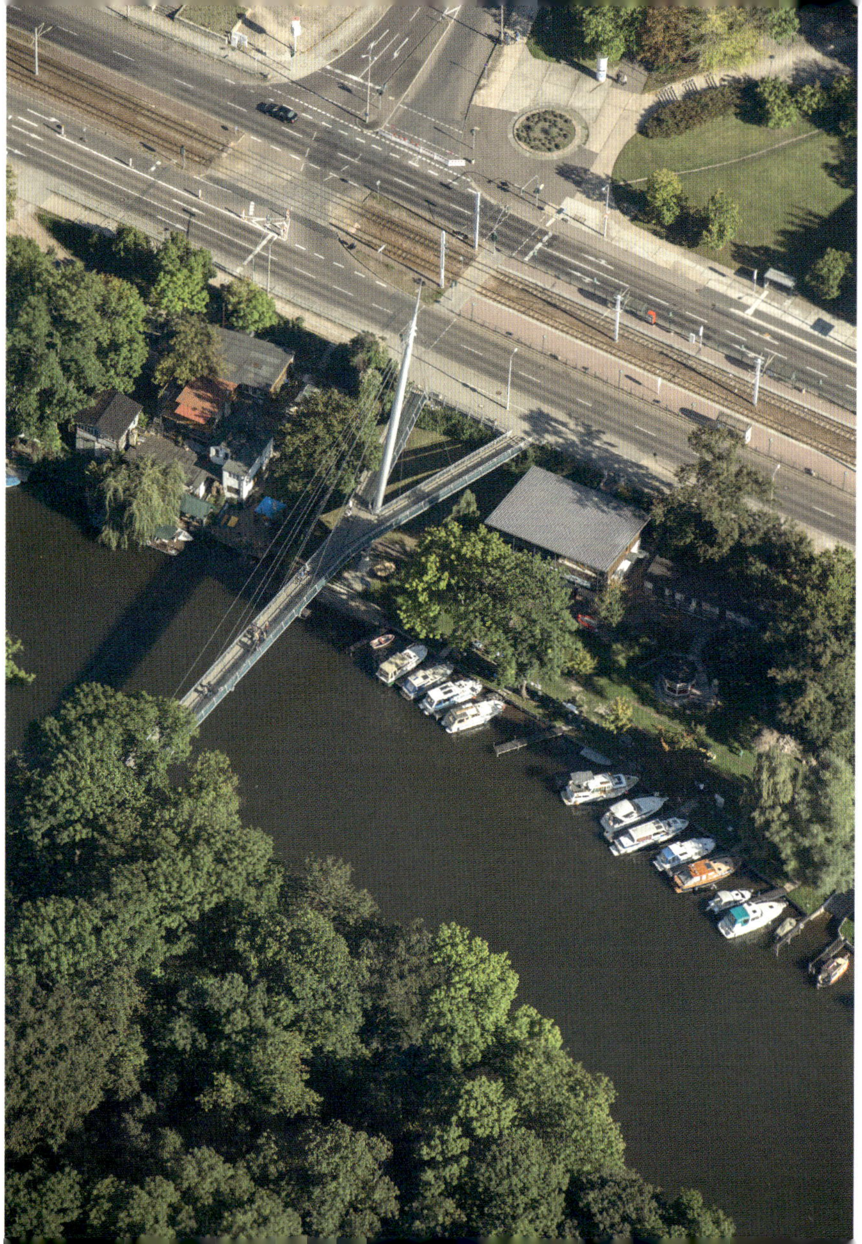

◄ Die Wassersportanlage »Bootshaus Böllberger Weg 147« und Brücke zur Rabeninsel

▸ Blick vom Böllberger Weg die Diesterwegstraße hinauf

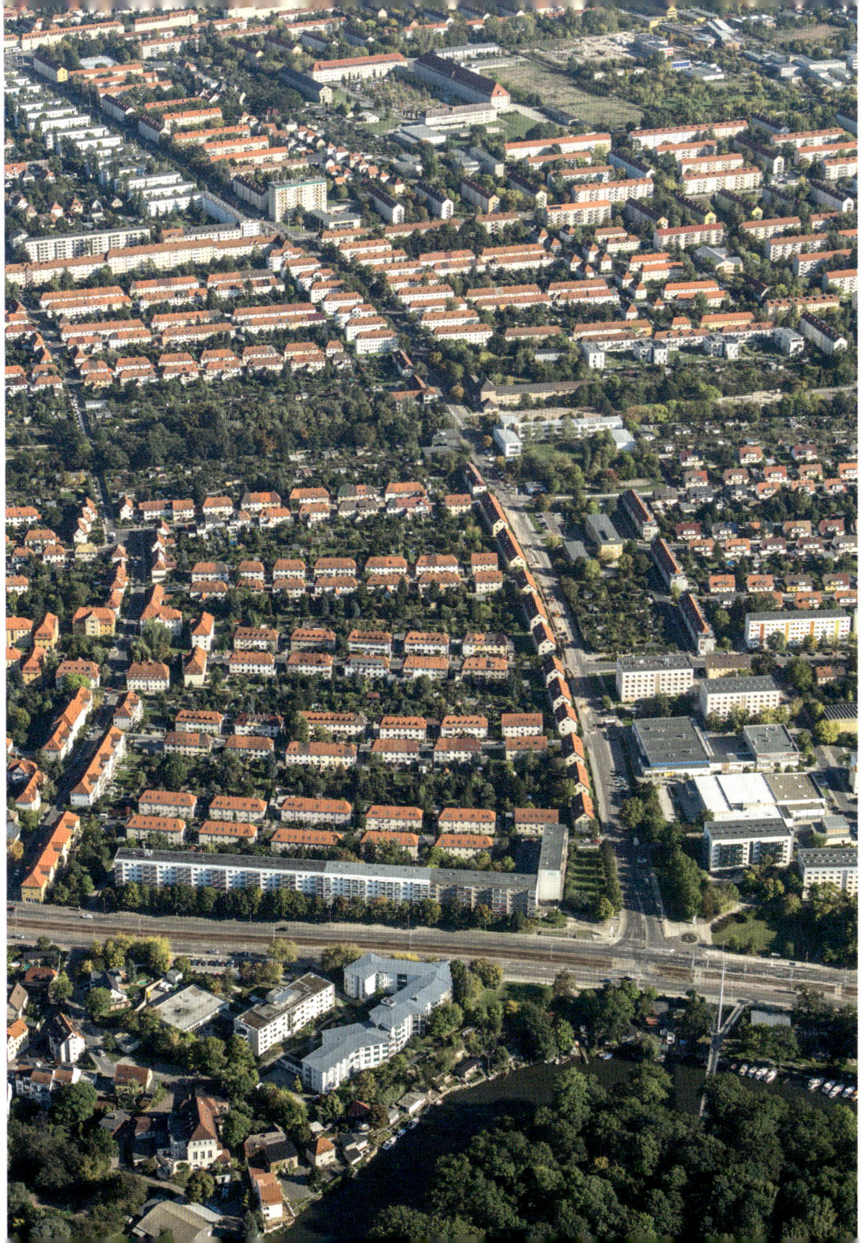

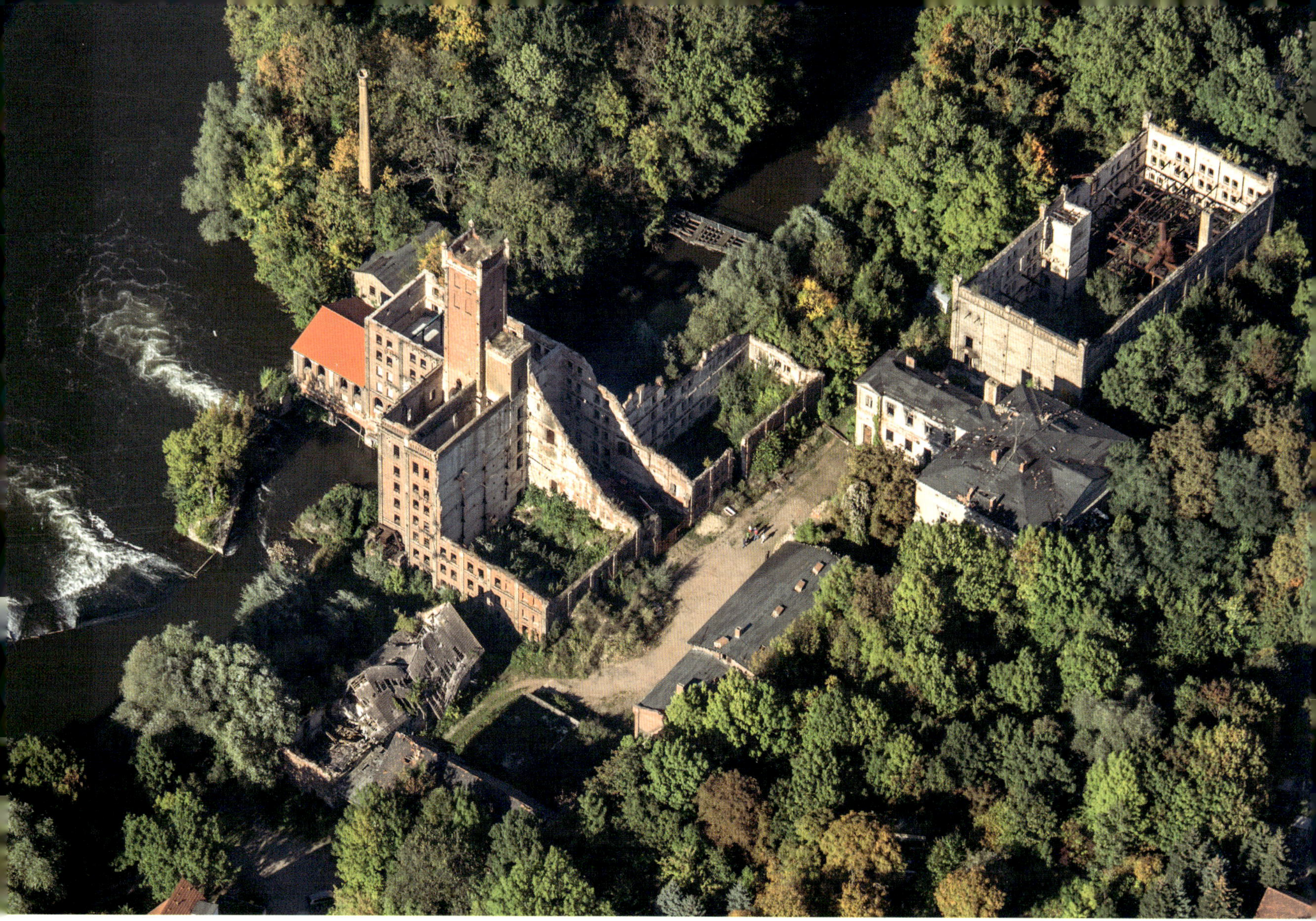

◄ Die Ruine der Hildebrandschen Mühle in Halle-Böllberg

► Versorgungsbrücke über die Saale zur Hafenbahntrasse

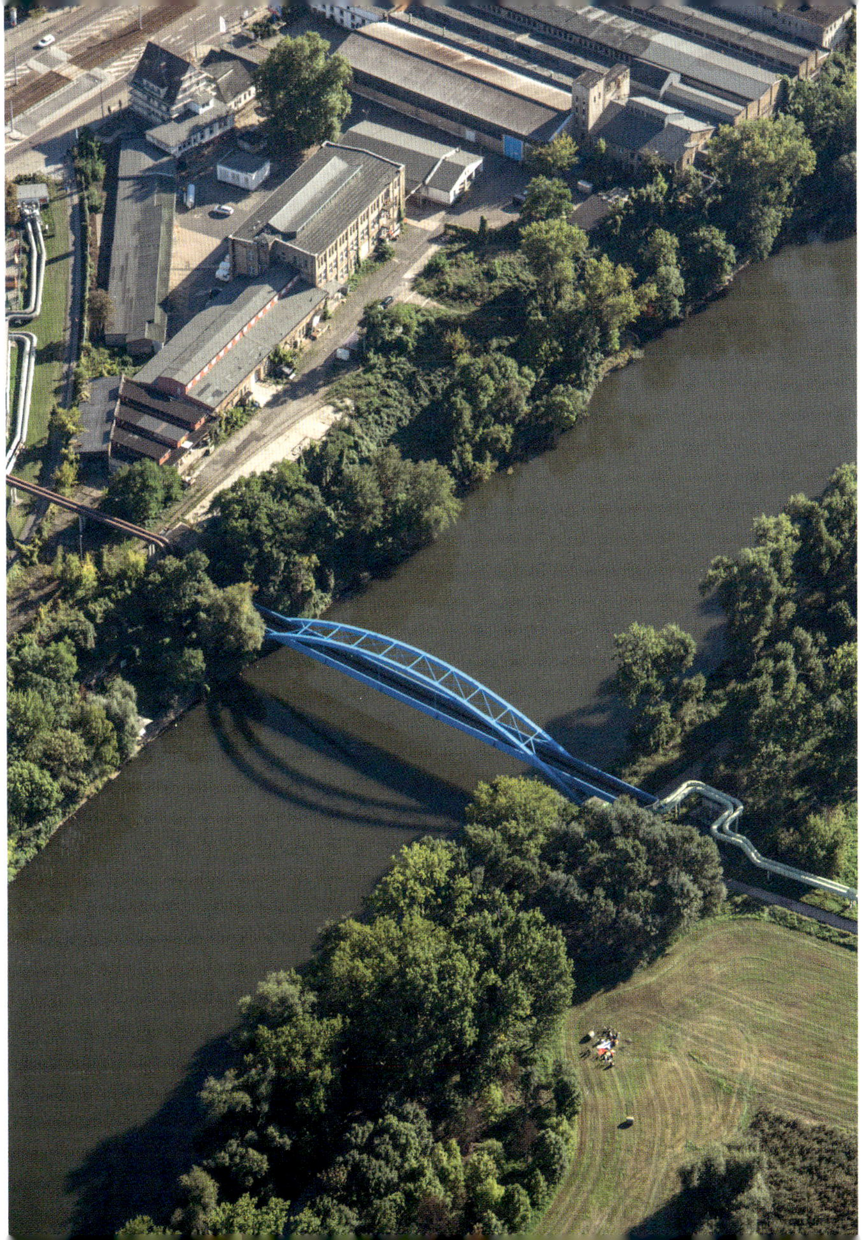

▼ Die Weiße Elster und das Freizeitbad »Maya mare« in Beesen

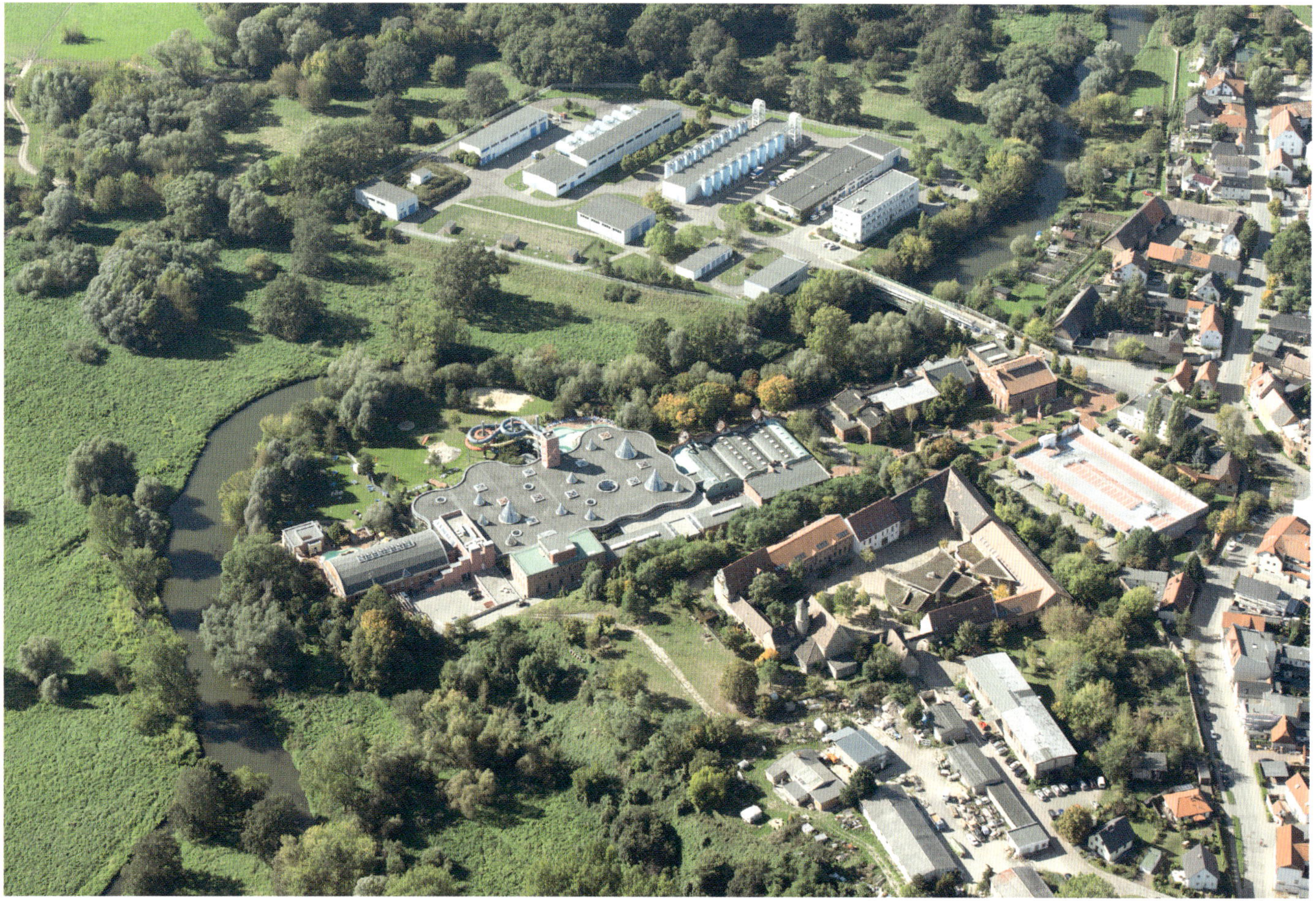

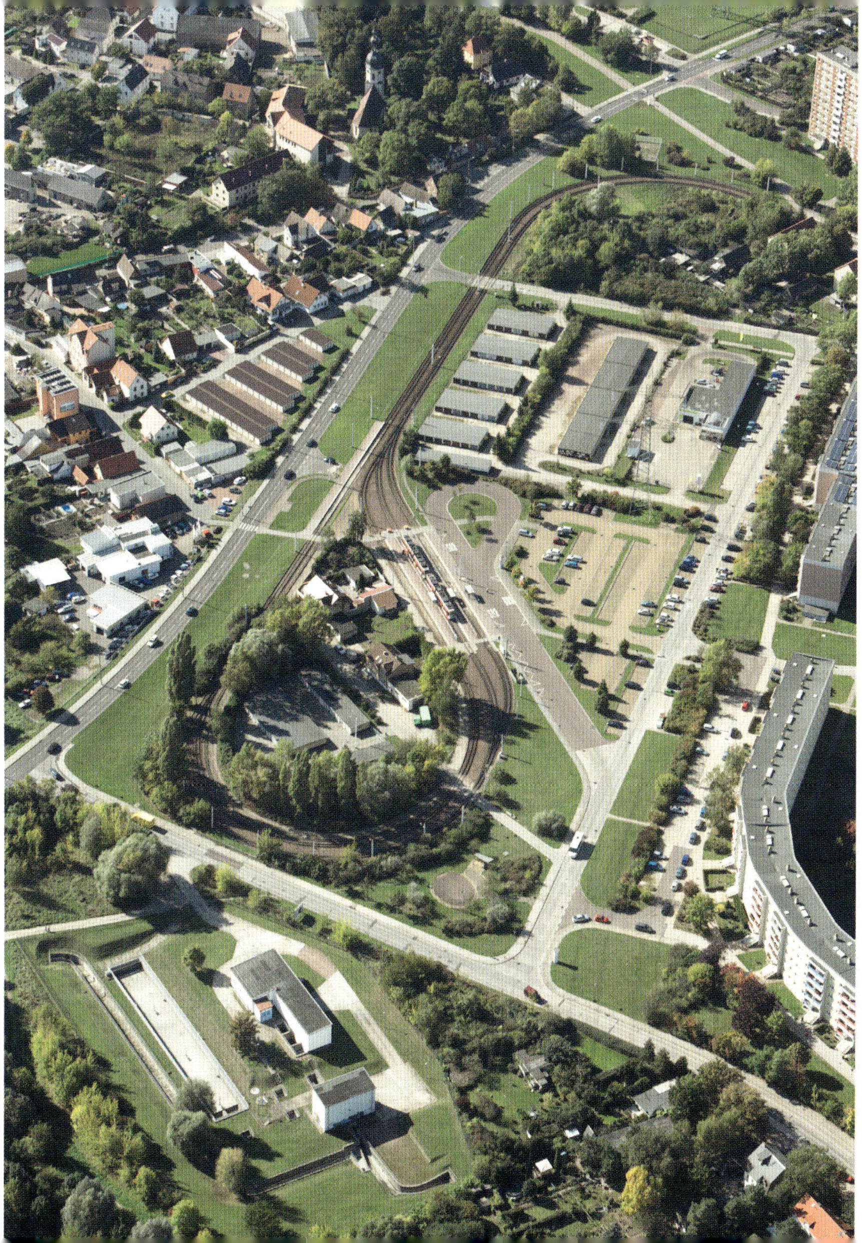

▸ Die Karlsruher Allee an der Straßenbahnendhaltestelle Beesen

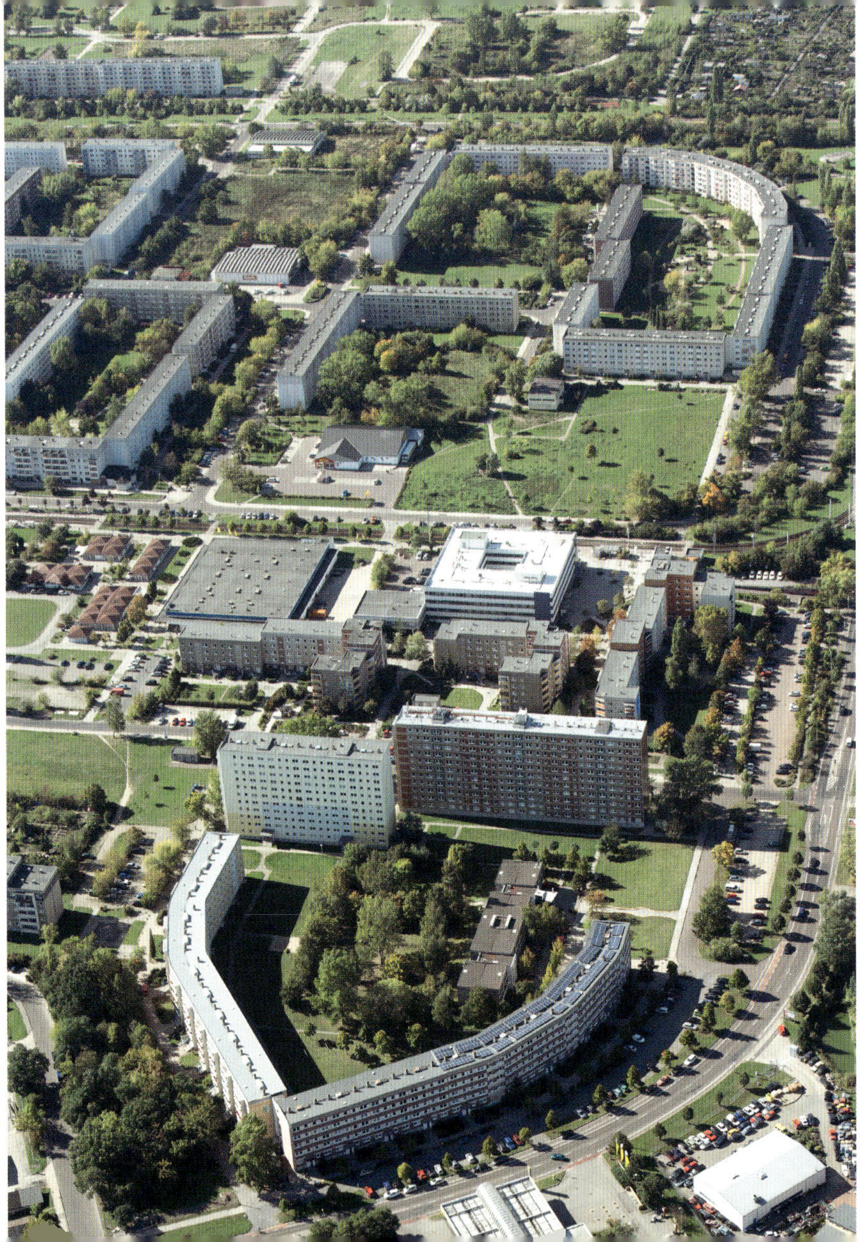

◄ Die Freyburger und die Wittenberger Straße in der Silberhöhe

▼ Die Karlsruher Allee und die Coimbraer Straße
in Beesen

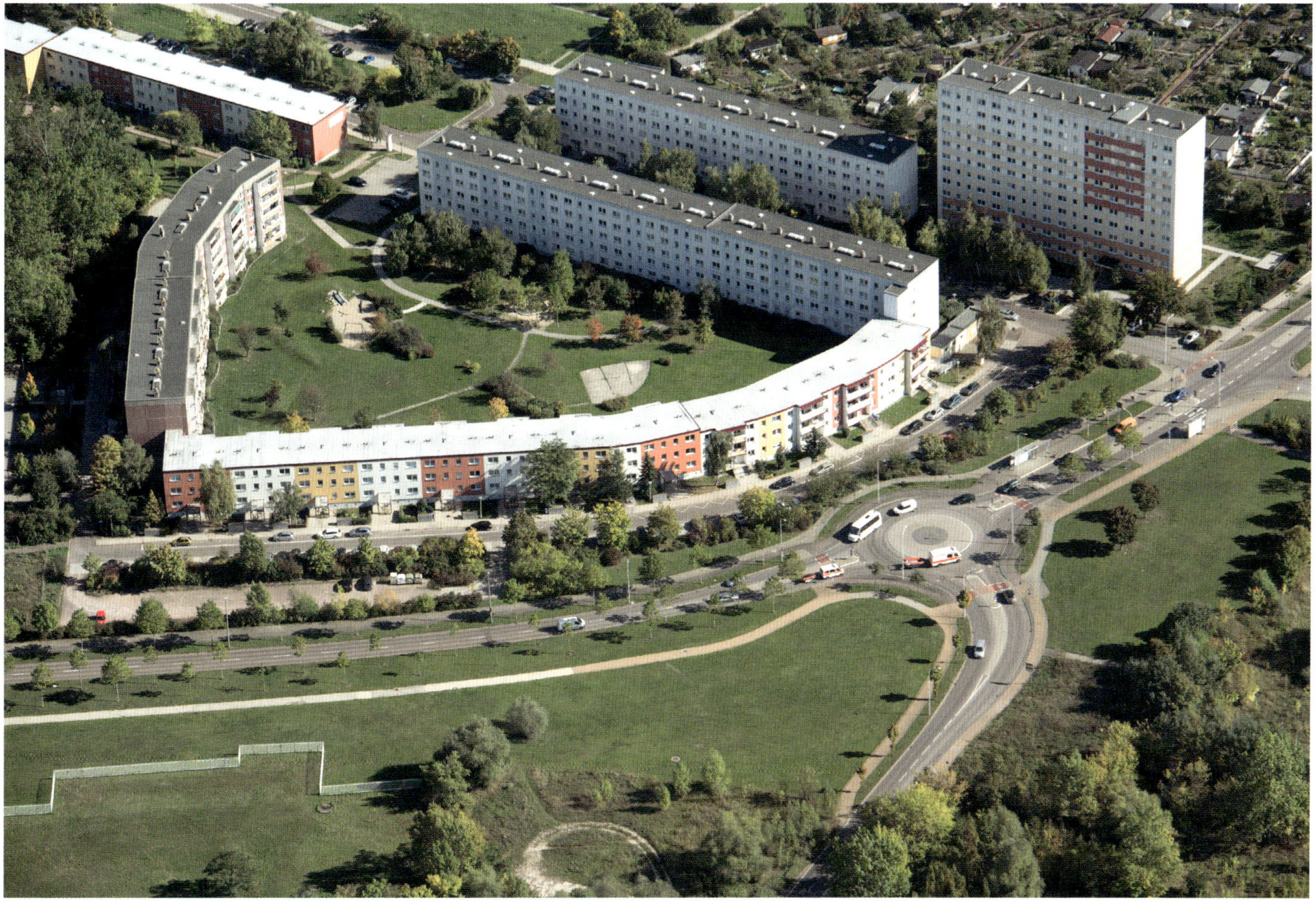

▼ Ammendorf westlich der Merseburger Straße

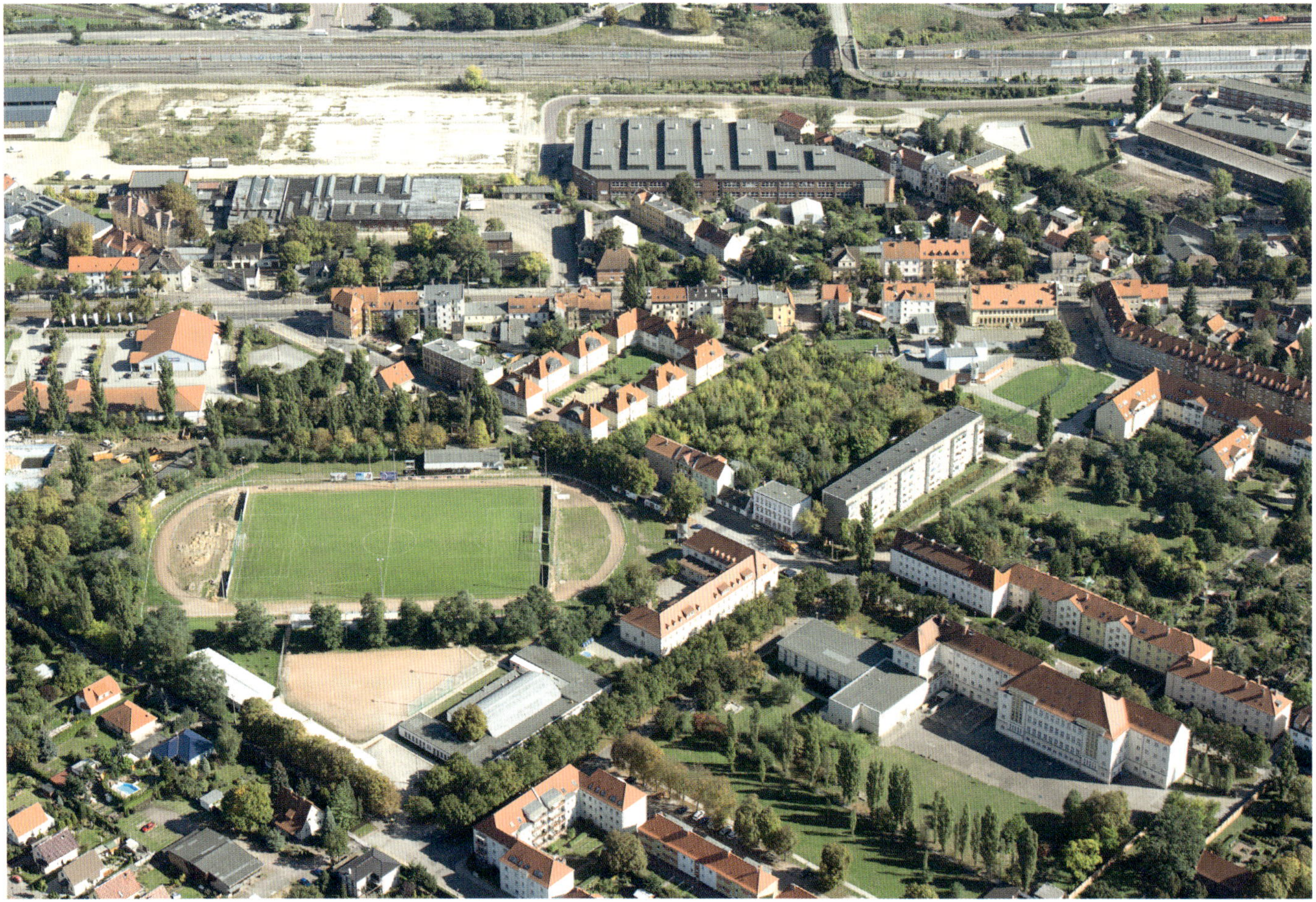

▼ Straßenbahnhaltestelle am Florian-Geyer-Platz in Ammendorf

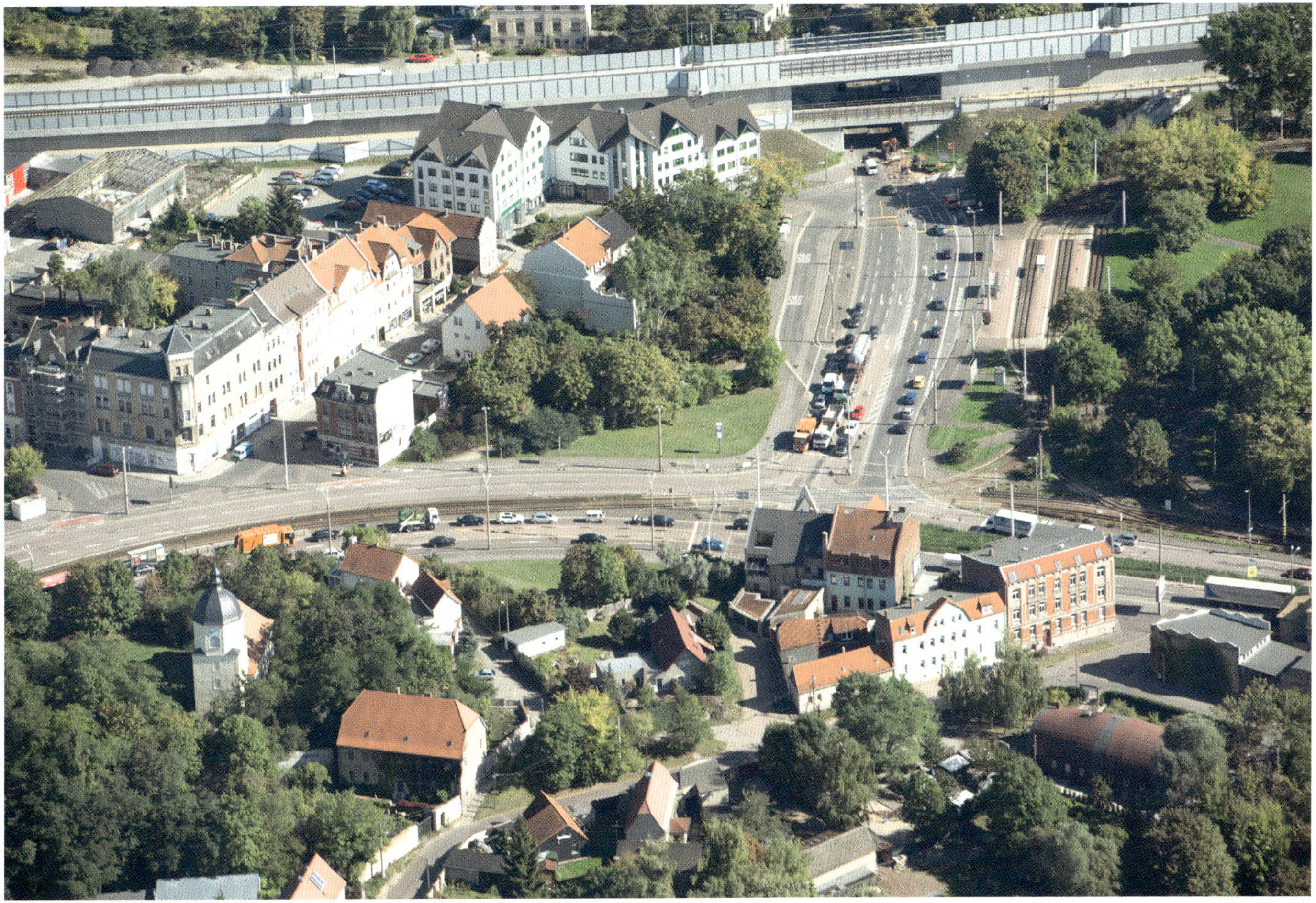

▼ Die Saalebrücke der B91 nach Merseburg

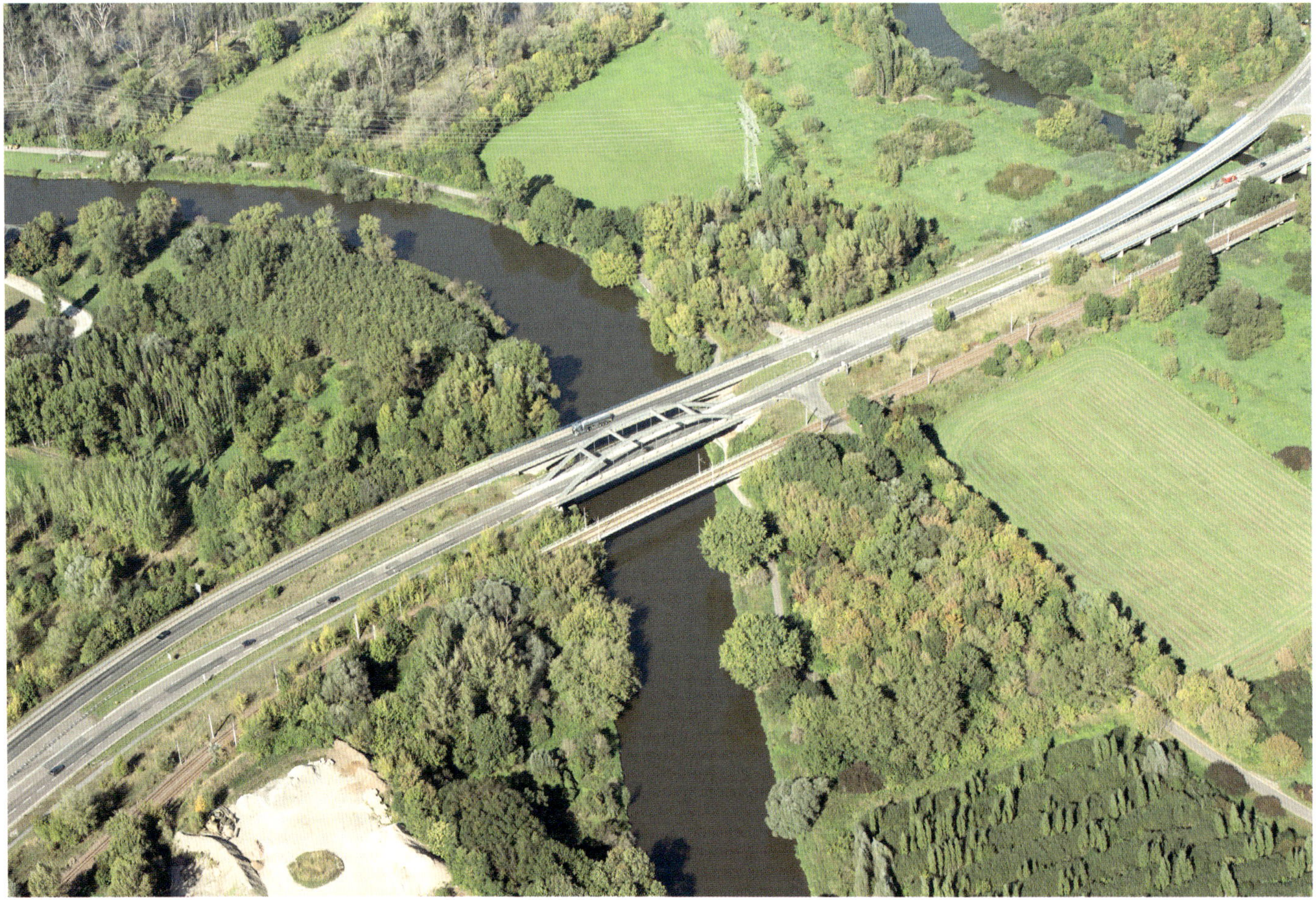

► Die Saale-Elster-Talbrücke

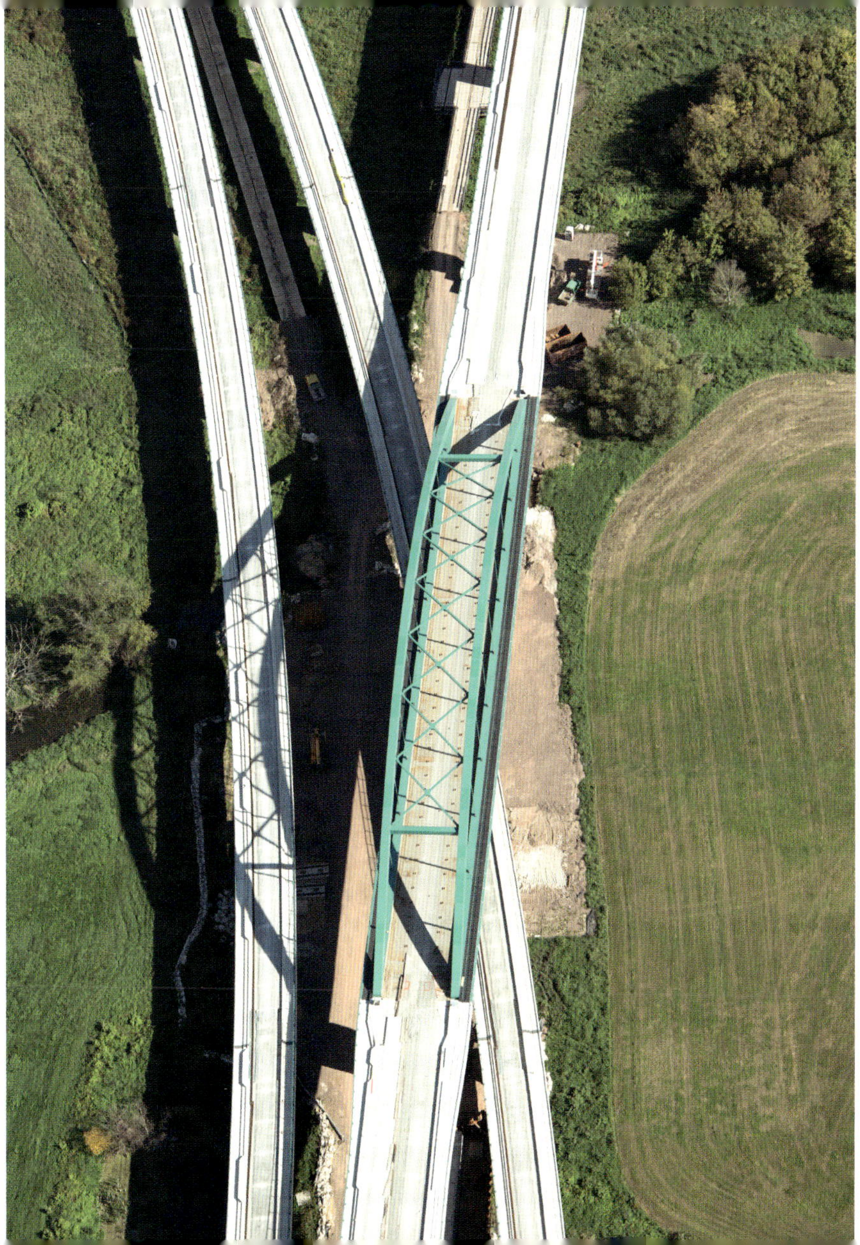

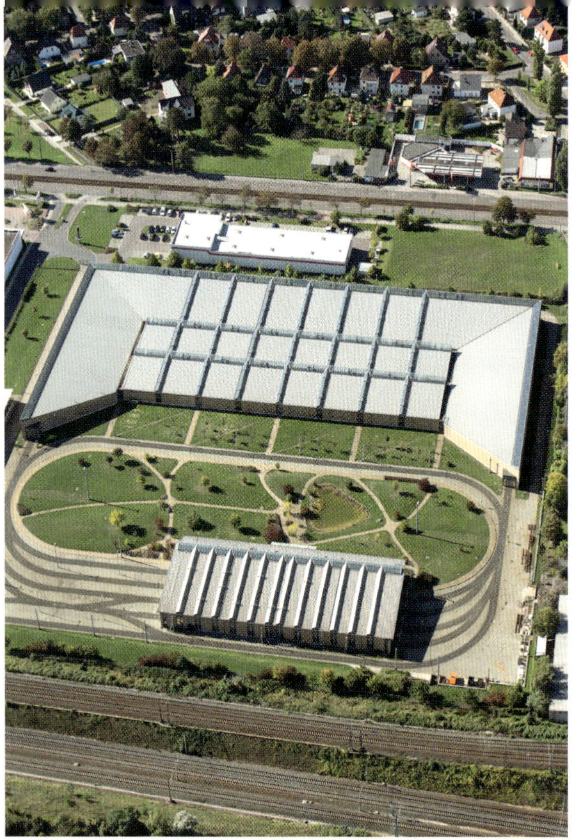

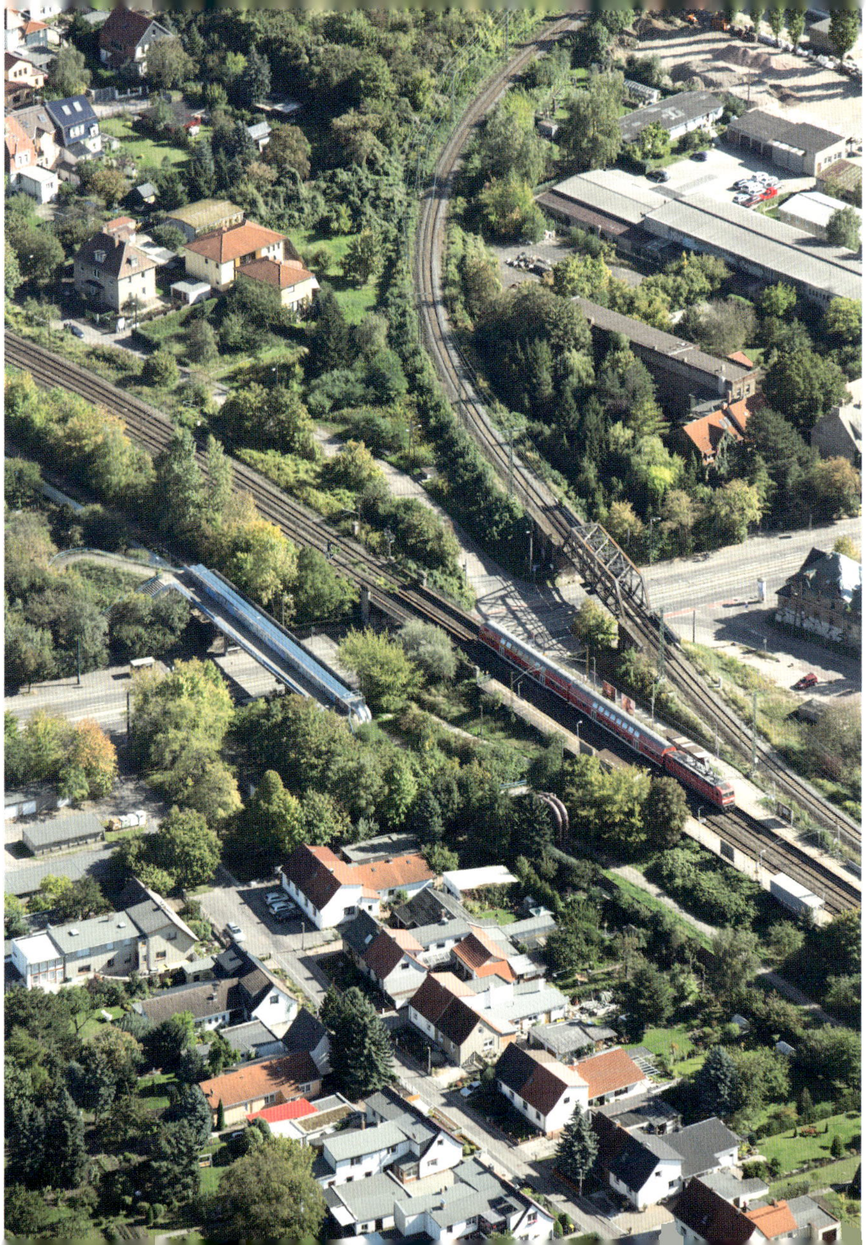

▲ Das Straßenbahndepot in der Merseburger Straße

▶ Die Merseburger Straße auf Höhe des S-Bahnhofs Rosengarten

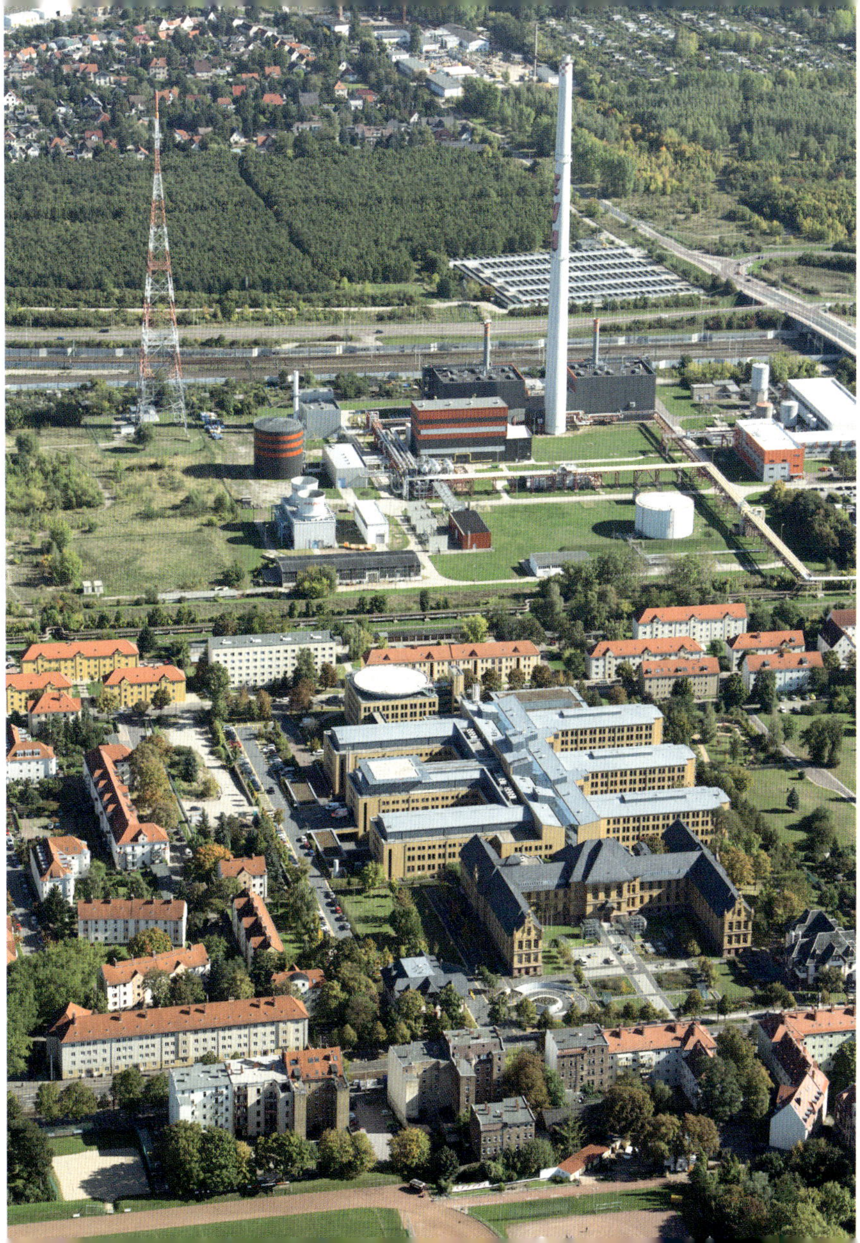

▸ Blick über die Kliniken Bergmannstrost in Richtung Europachaussee

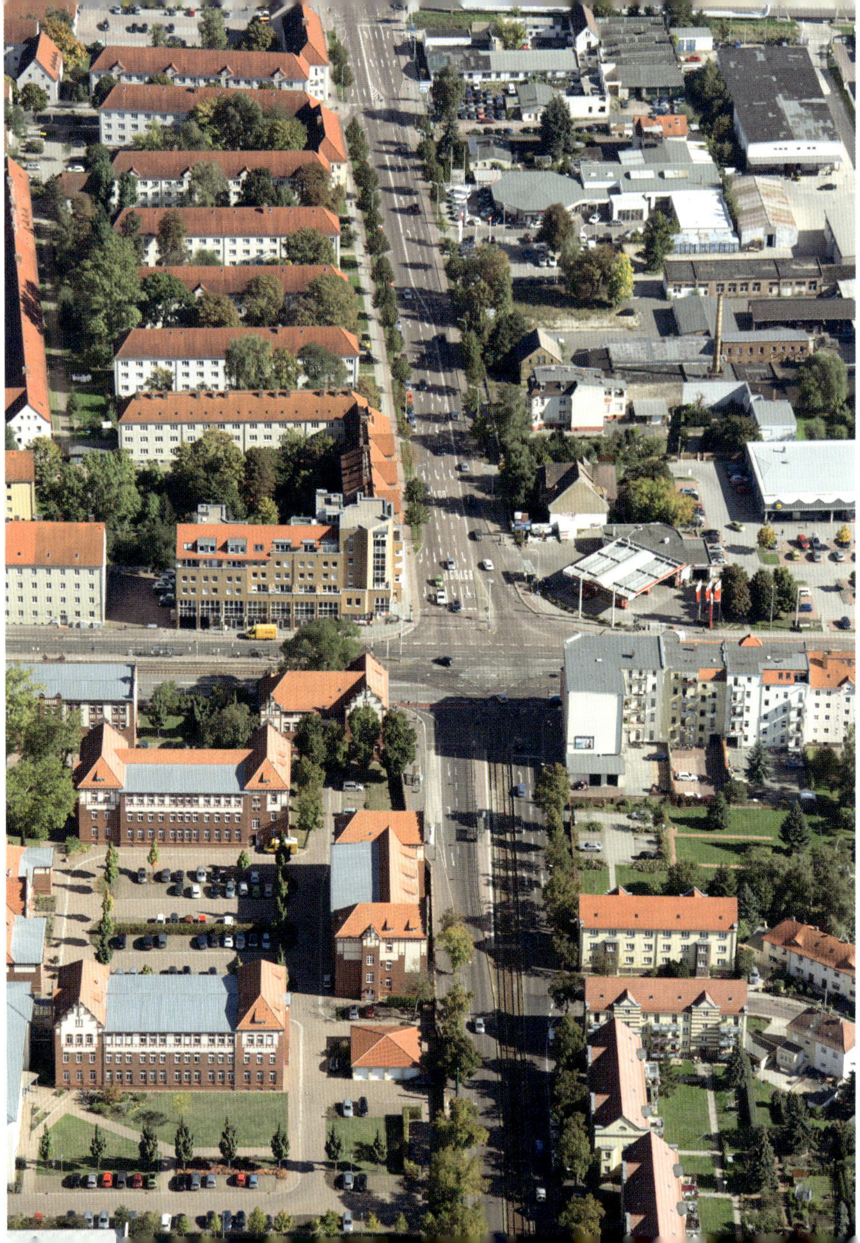

◂ Blick durch die Damaschke- und die Dieselstraße

▸ Vom Sportplatz in der Carl-Schurz-Straße bis zum Sportplatz in der Ottostraße

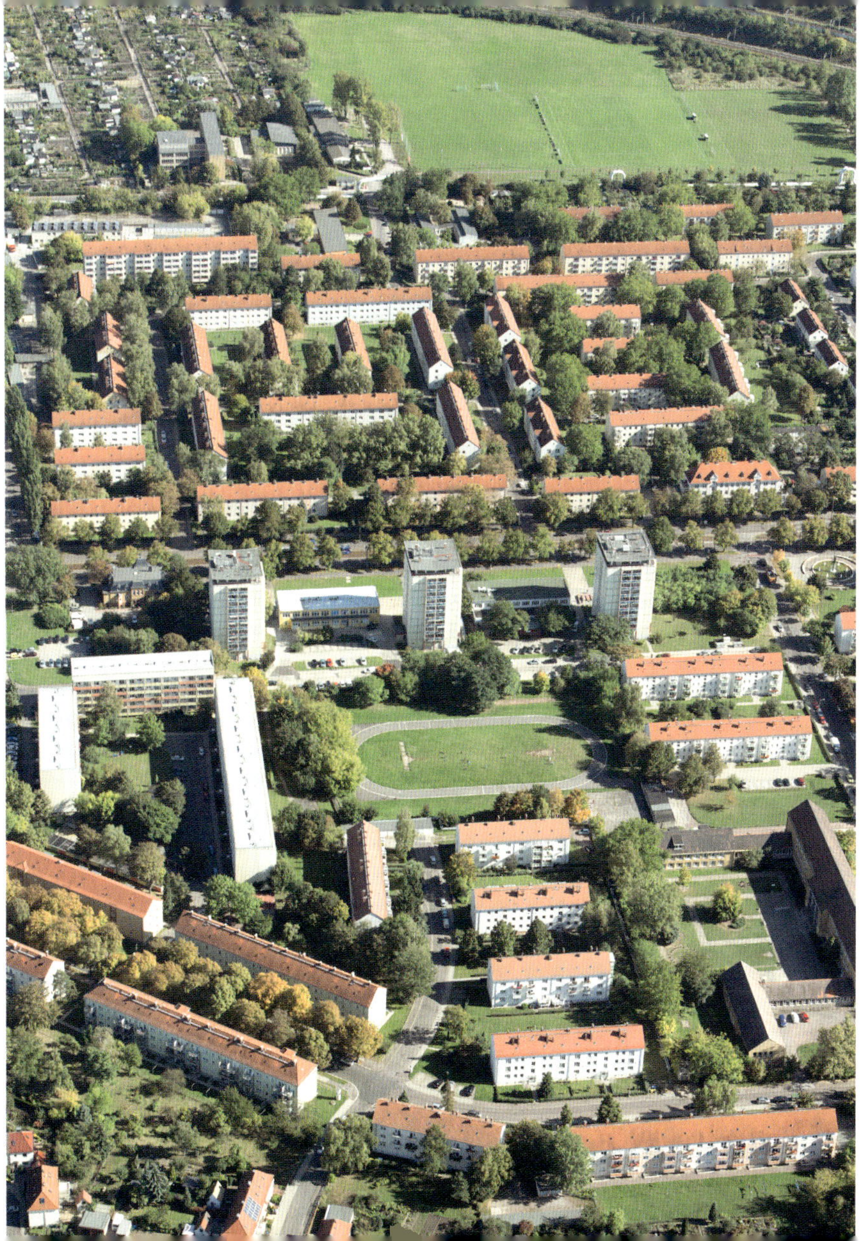

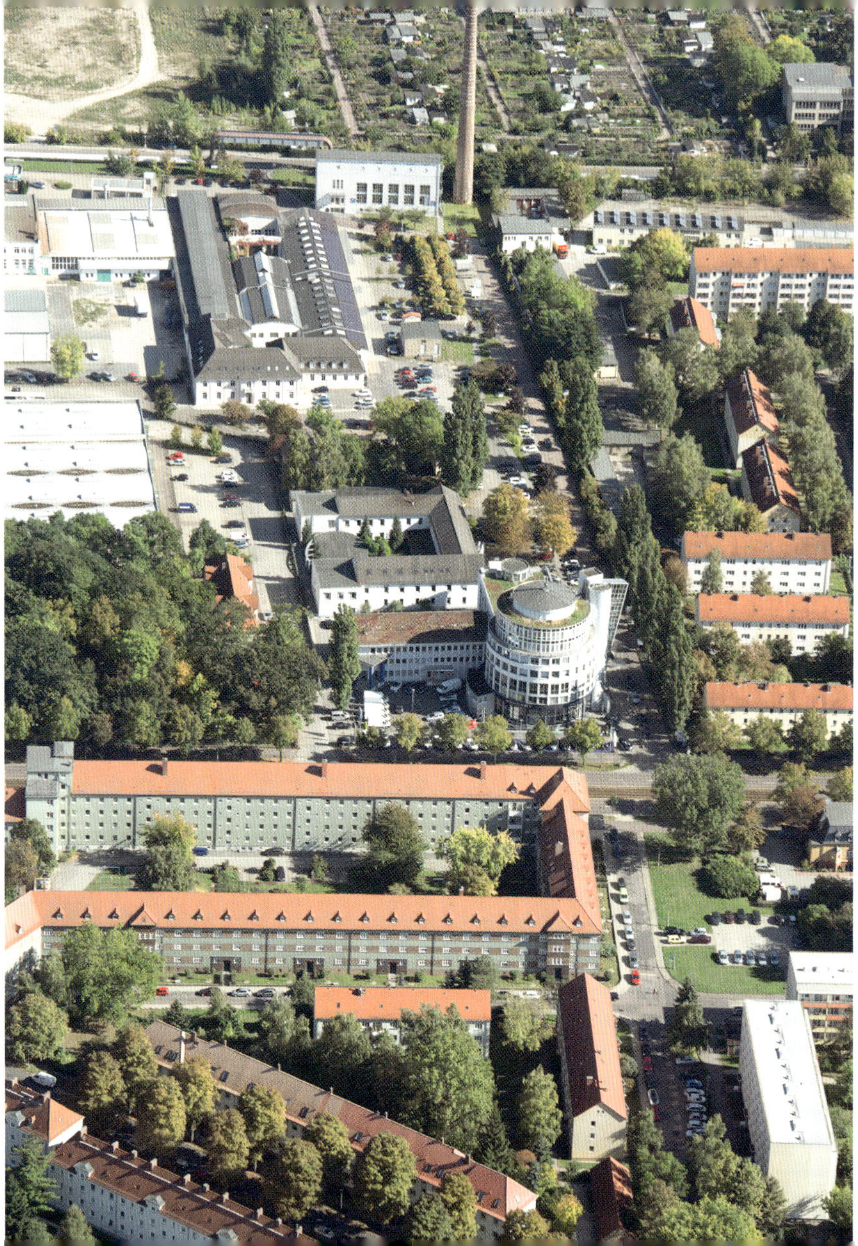

◂ Blick über die Merseburger Straße aus dem Westen

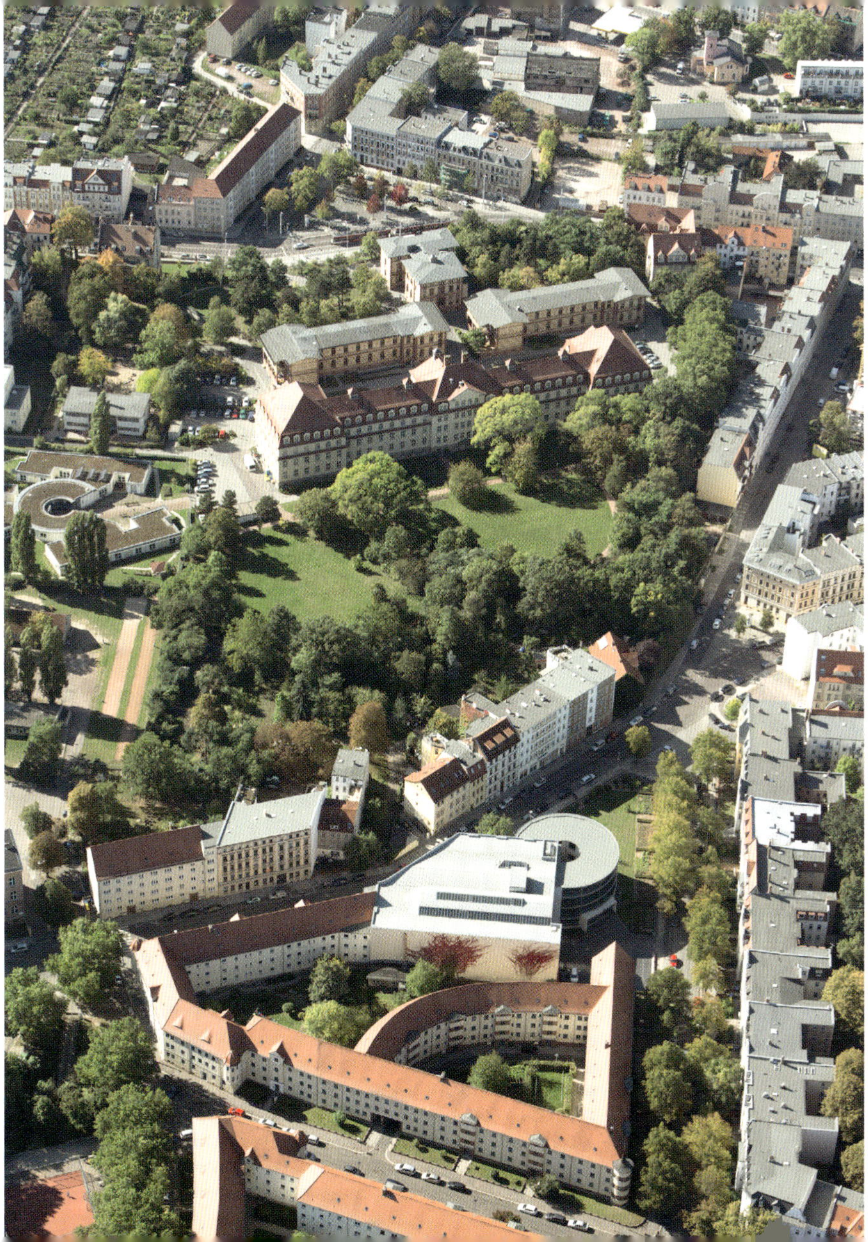

◂ Das Alten- und Pflegeheim Akazienhof, vorn die Liebenauer Straße

▸ Der Fliederweg im südlichen Halle

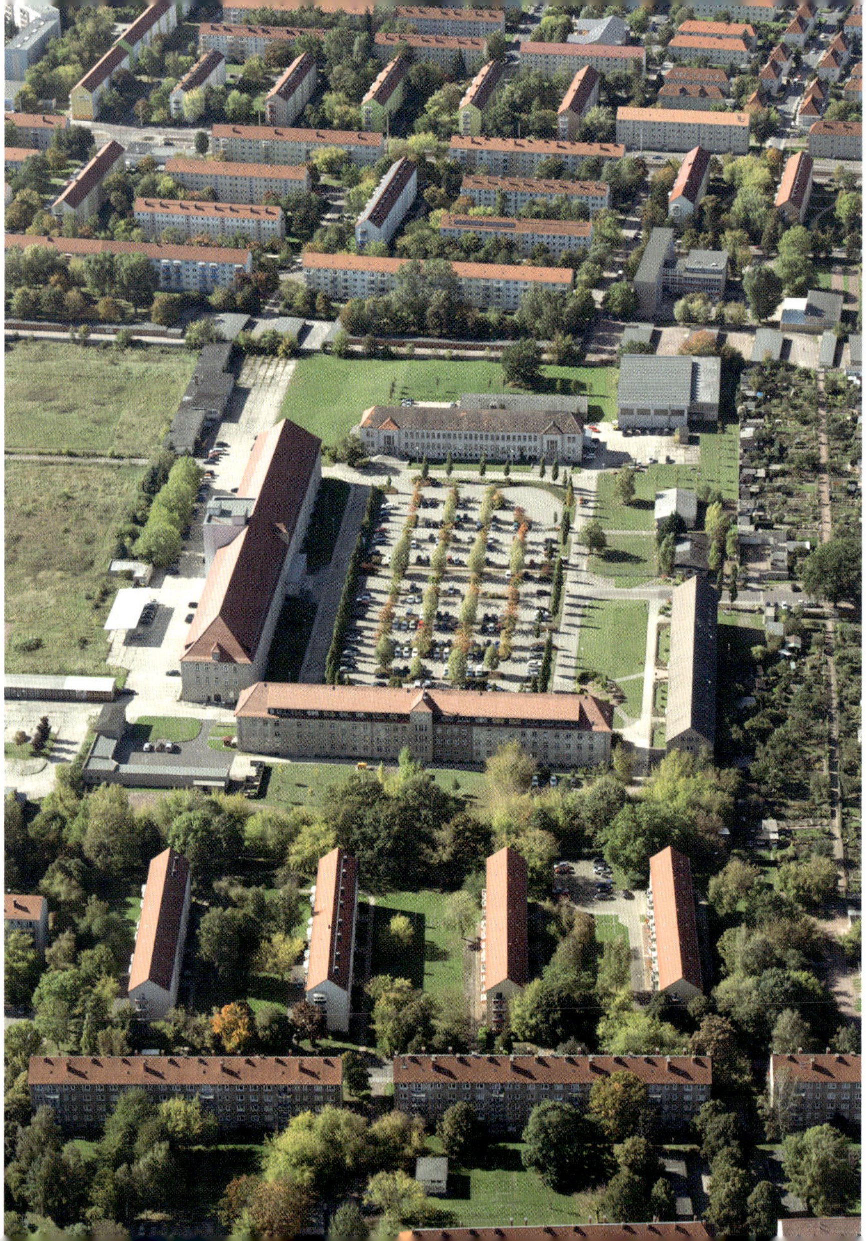

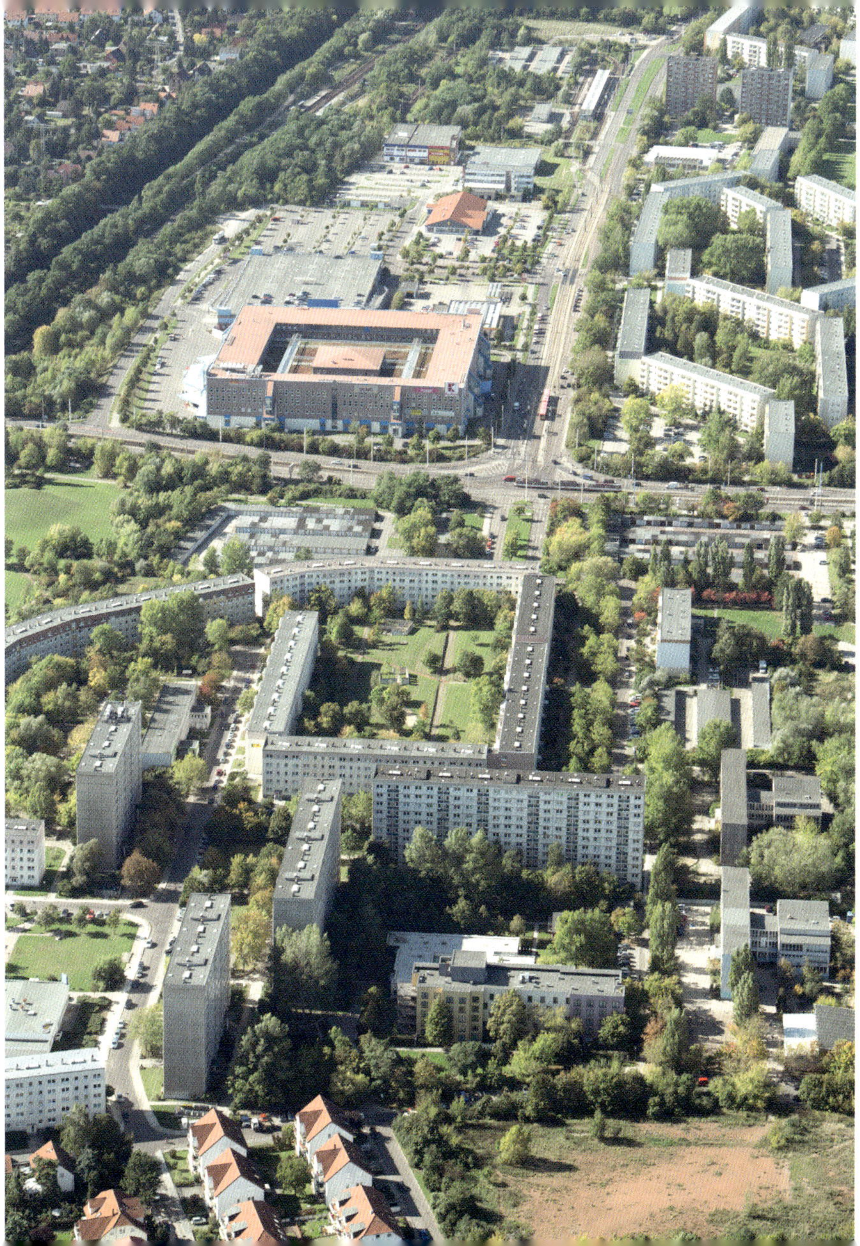

▸ Blick über die Südstadt mit Paul-Suhr-Straße und Südstadtring

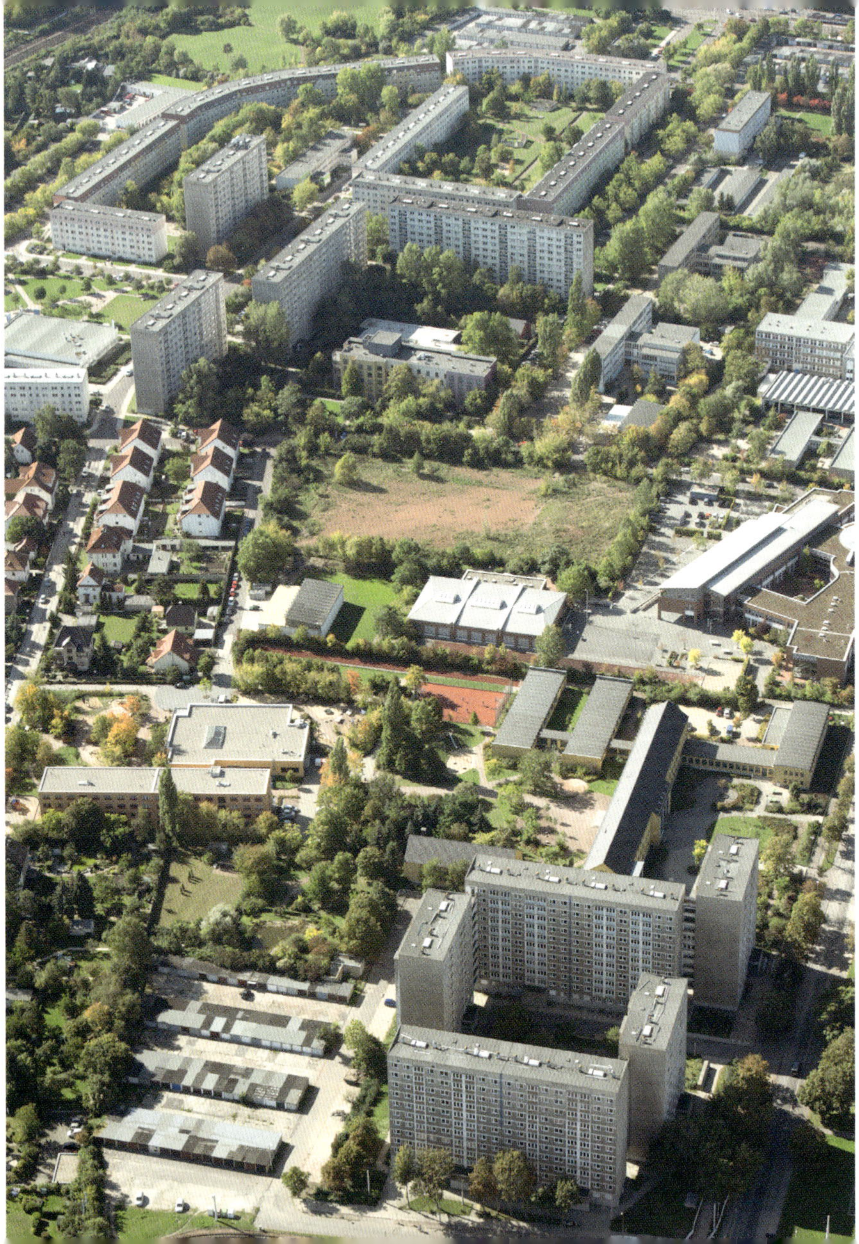

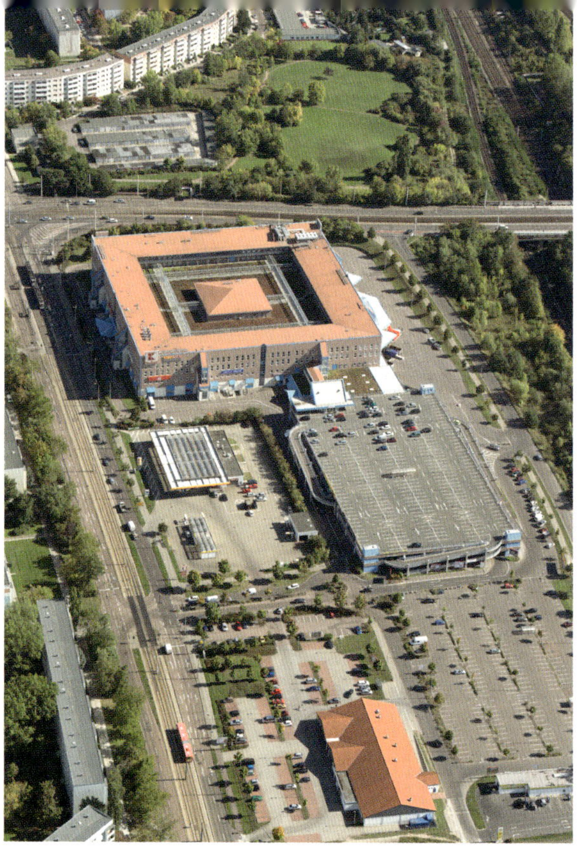

▲ Das Kaufland-Center am Südstadtring

◄ Blick von der Elsa-Brandström- bis zur Veszpremer Straße

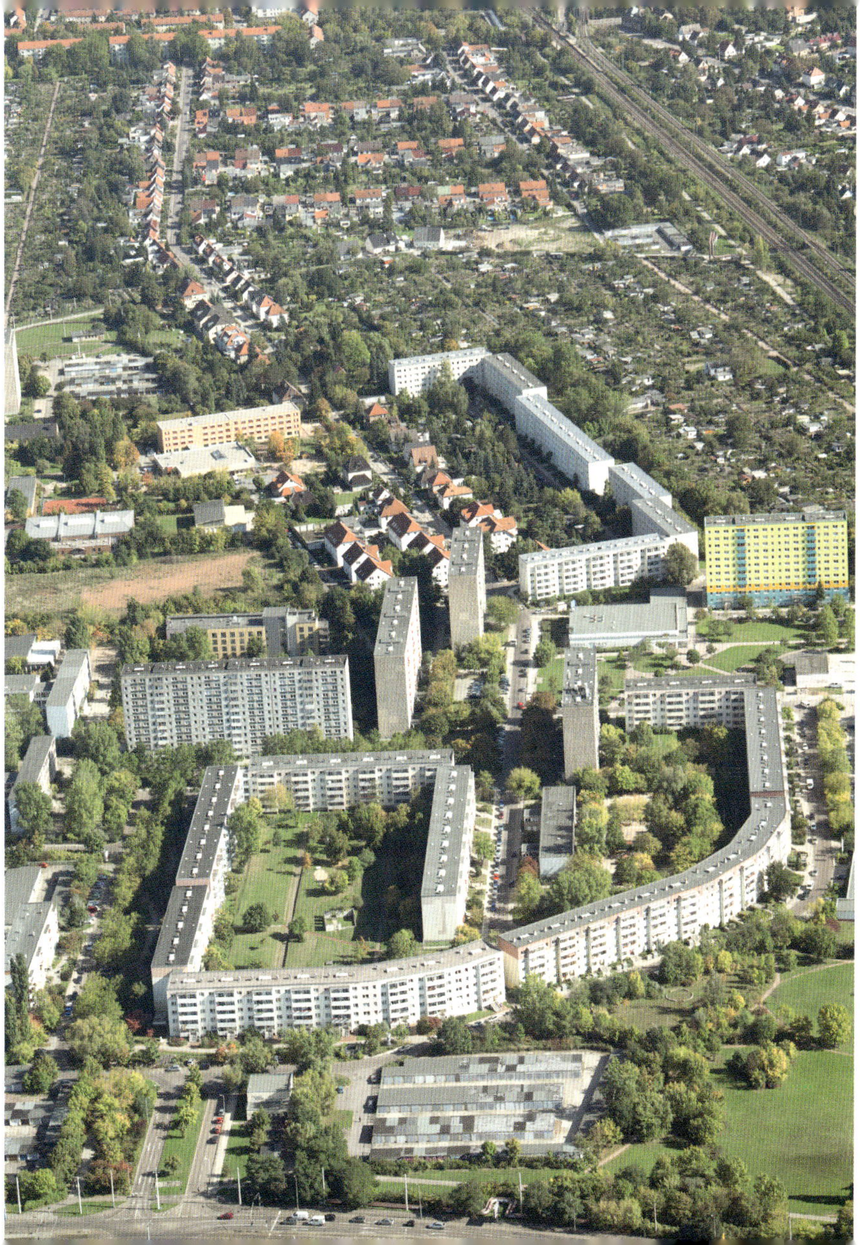

▶ Veszpremer Straße, Ouluer Straße, Im Langen Feld und Feldrain

▼ Blick über die Silberhöhe aus östlicher Richtung

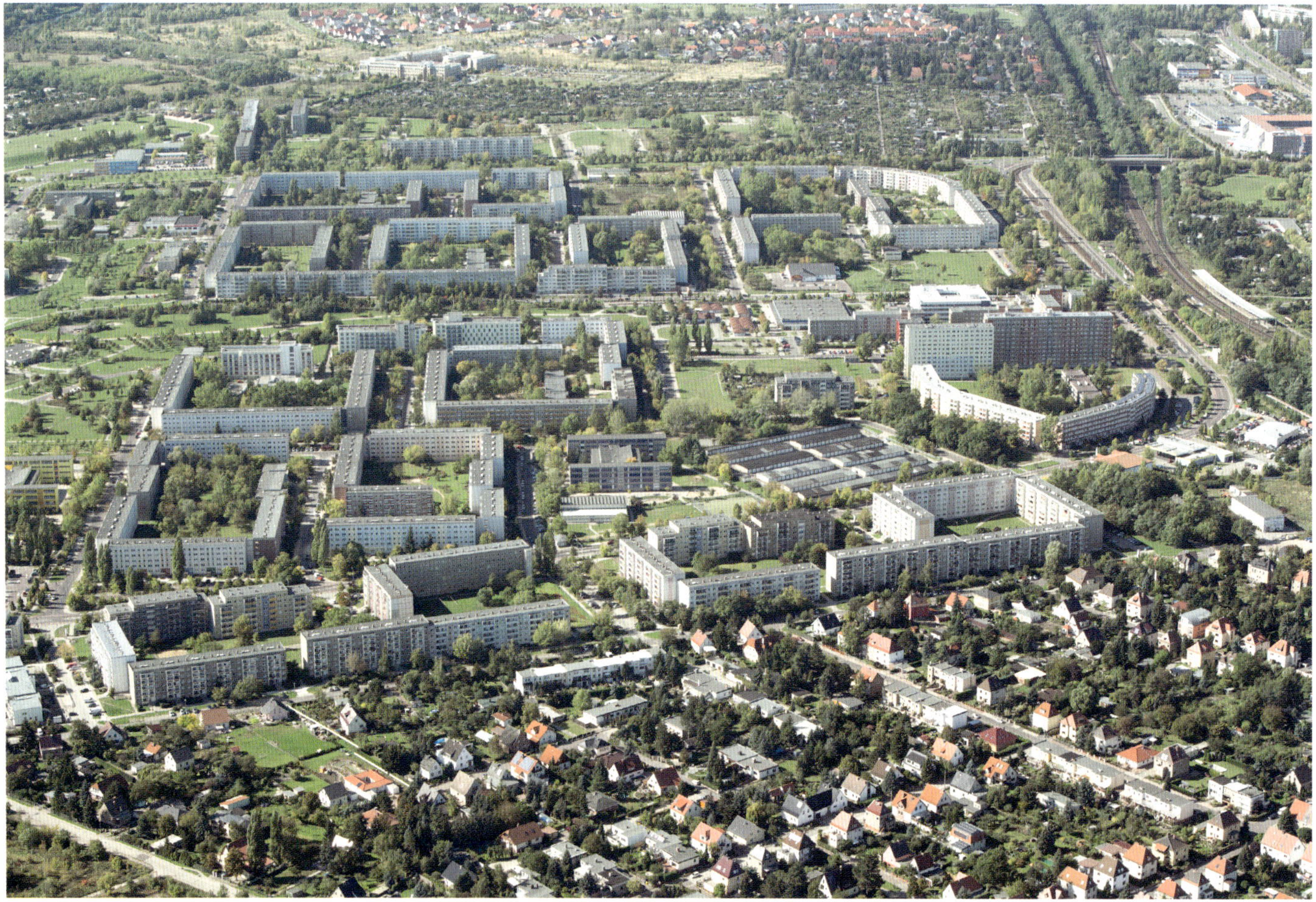

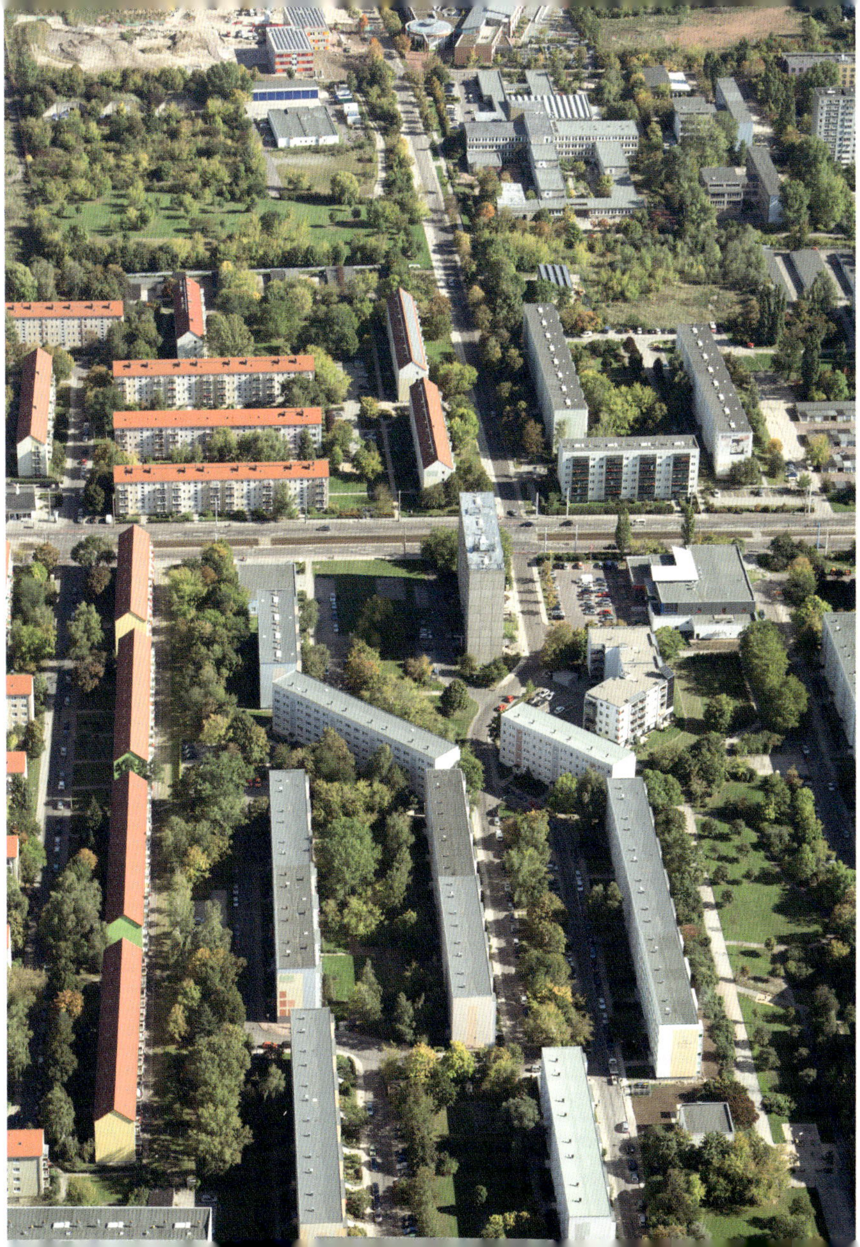

▶ Die Paul-Suhr- und die Murmansker Straße

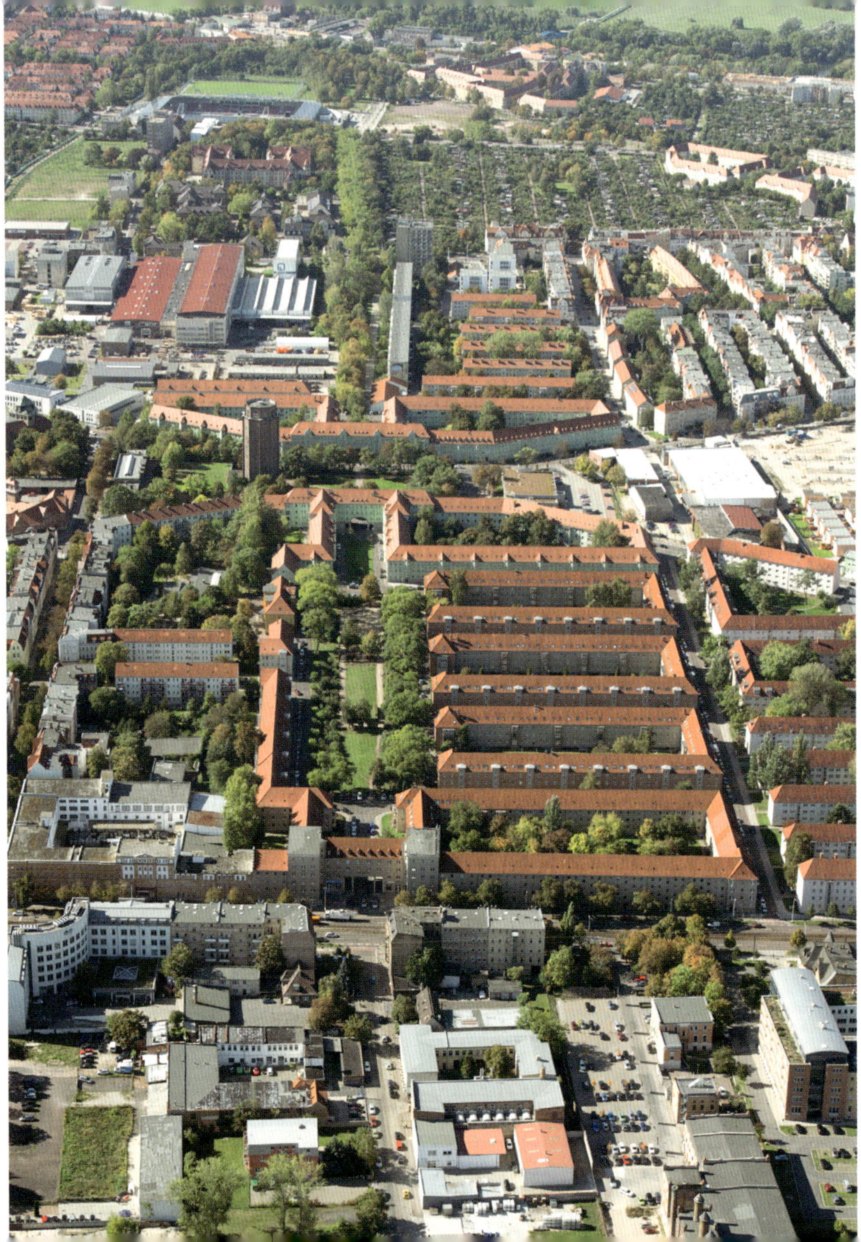

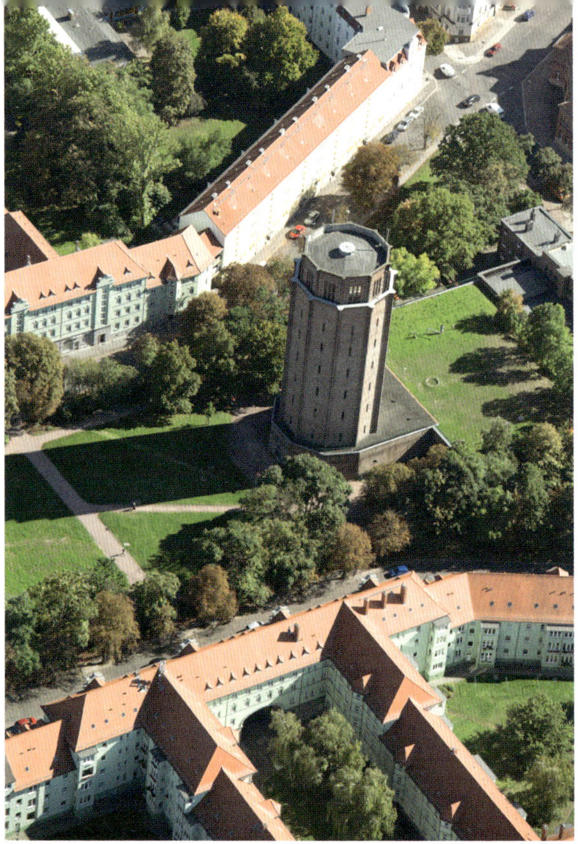

▲ Der Wasserturm Süd am Lutherplatz

◄ Blick über das Stadtviertel »Lutherplatz« mit dem Wasserturm Süd

▼ Südliche Innenstadt, Beesener Straße, Liebenauer Straße und Lutherplatz

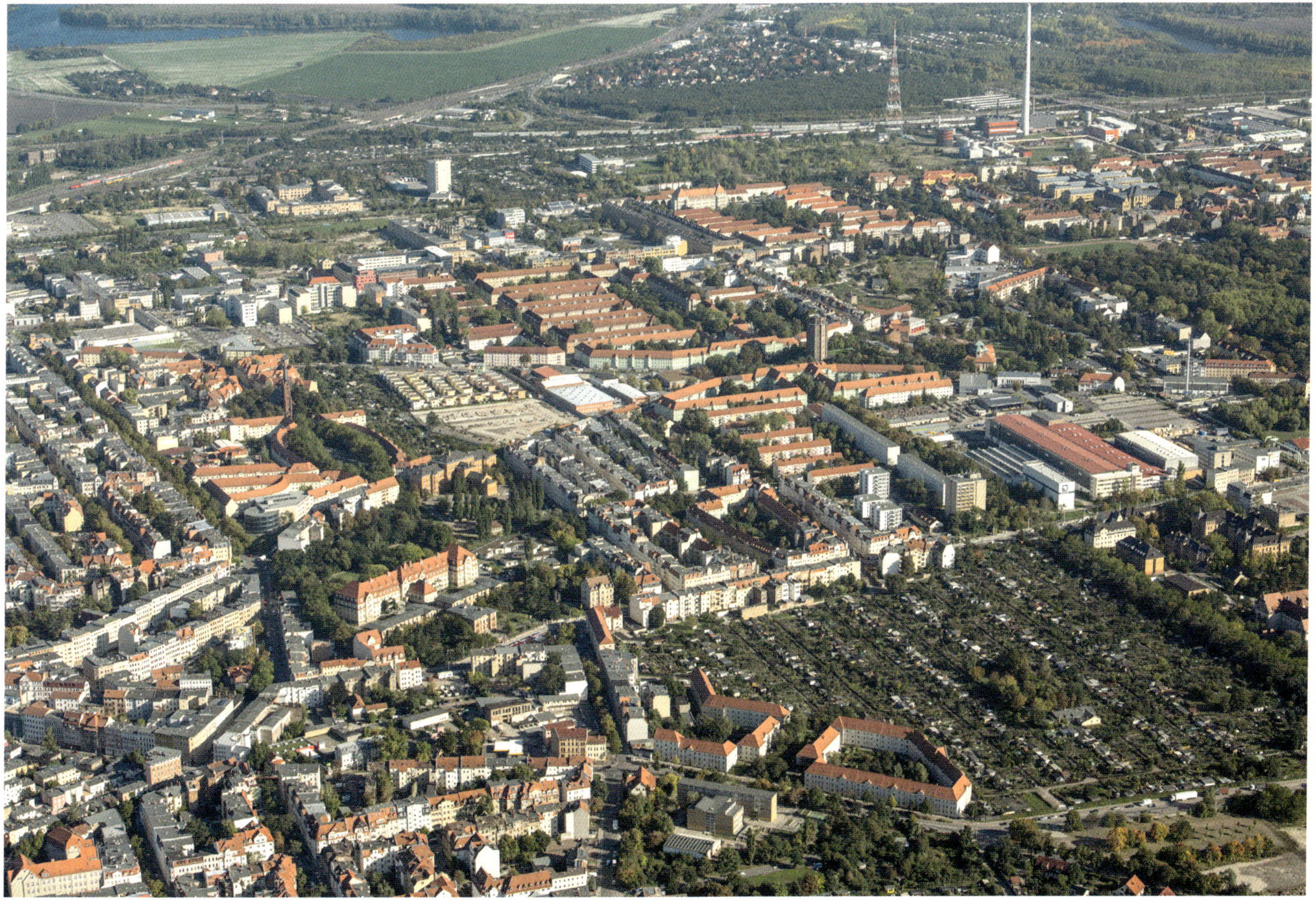

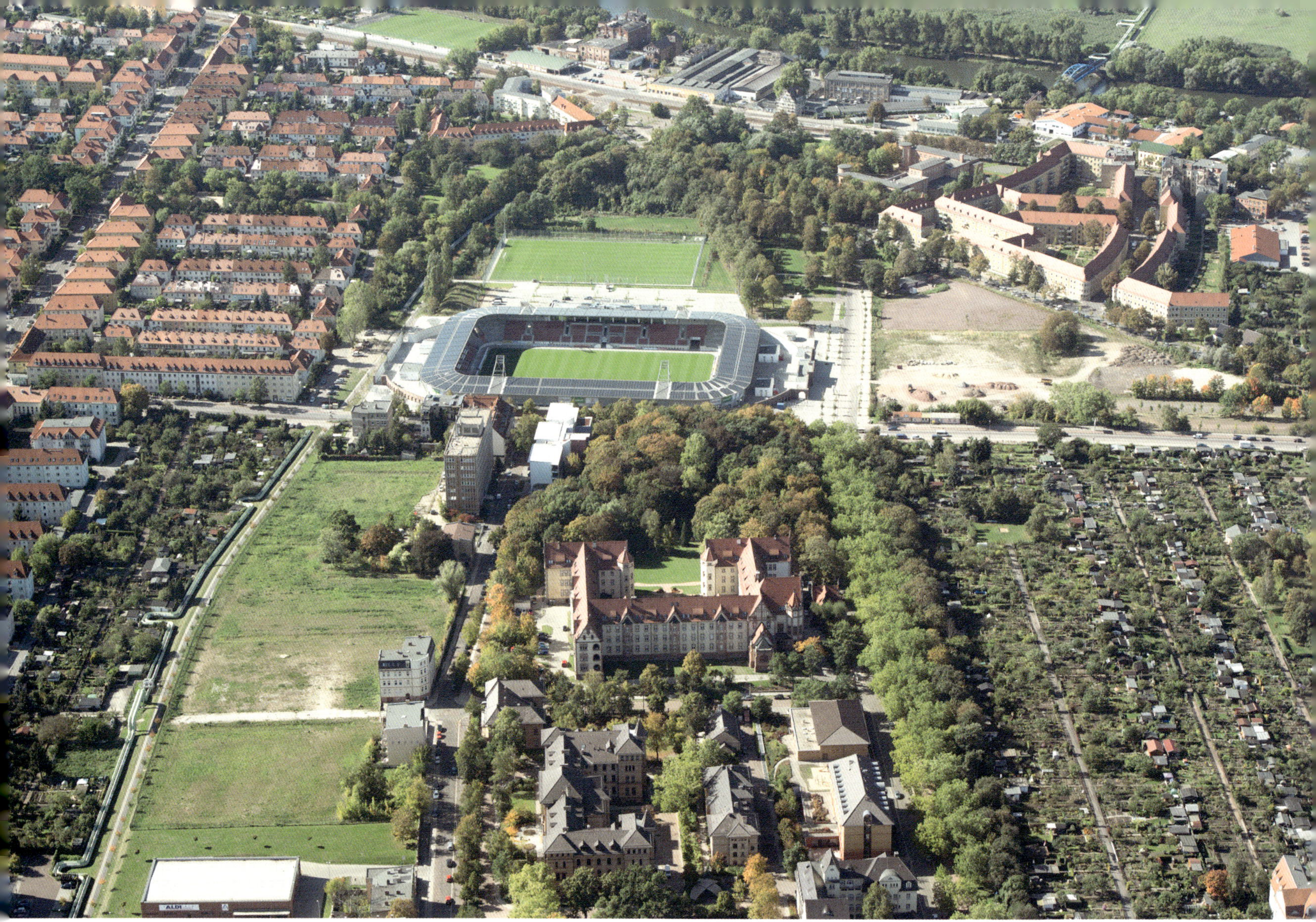
ALDI

◂ Die Paul-Riebeck-Stiftung und der Erdgas Sportpark in der Kantstraße

▸ Johannesplatz mit Johanneskirche und Joseph-Haydn-Straße

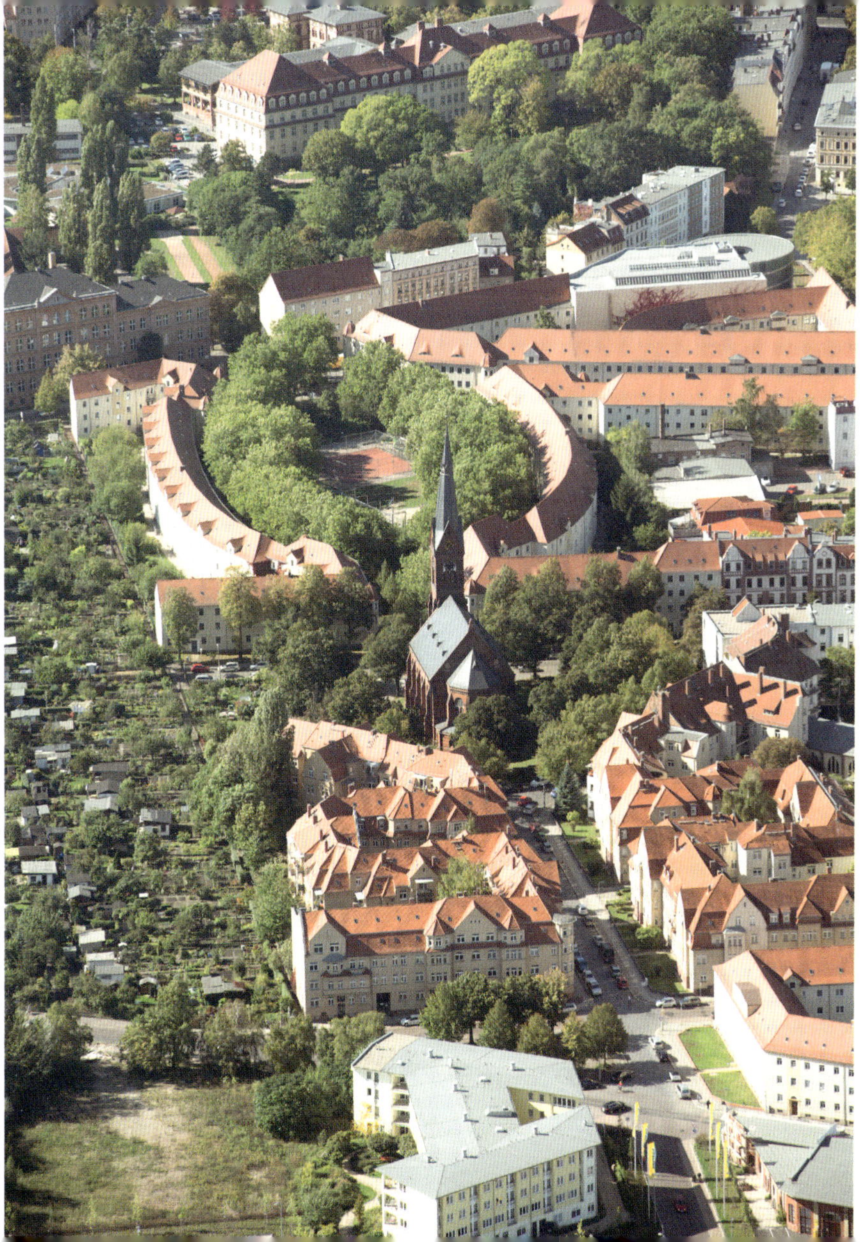

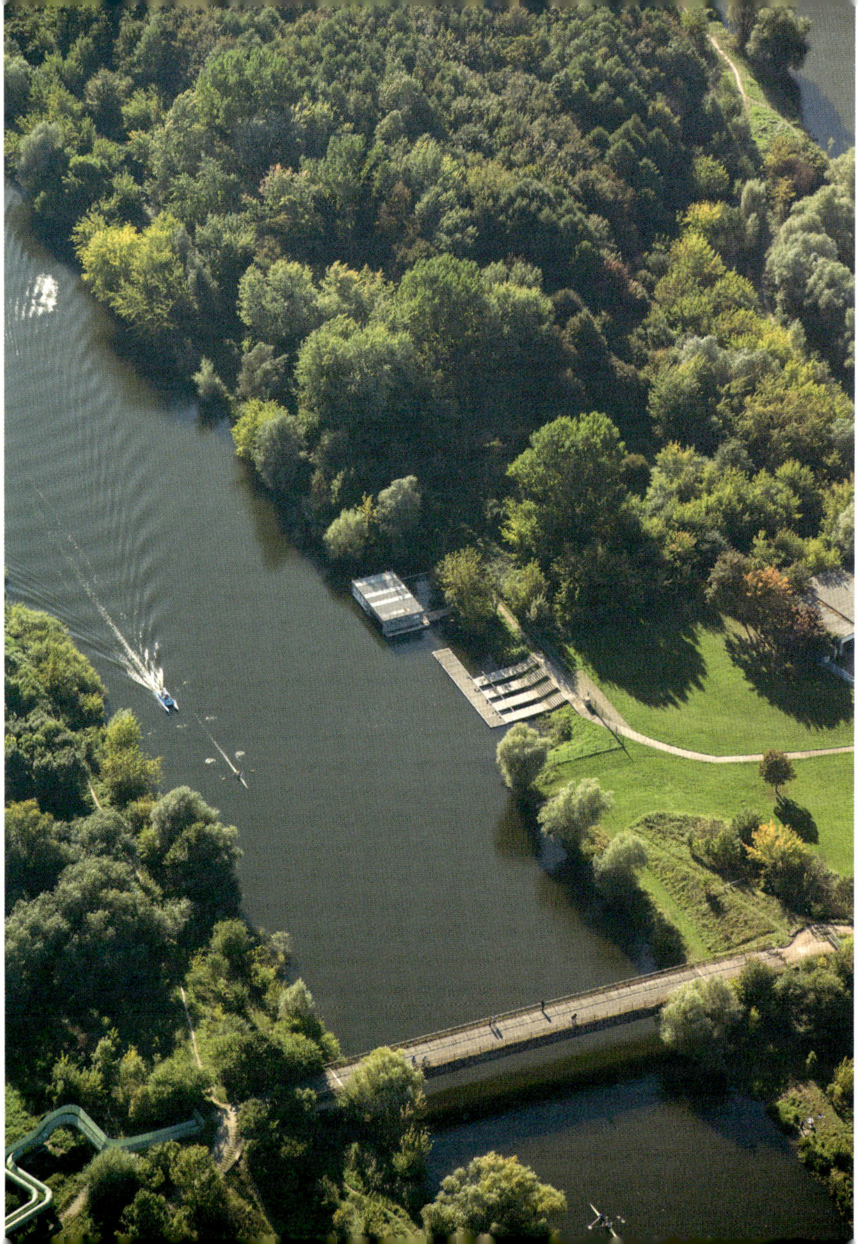

◂ Regattastrecke auf dem Saalekanal

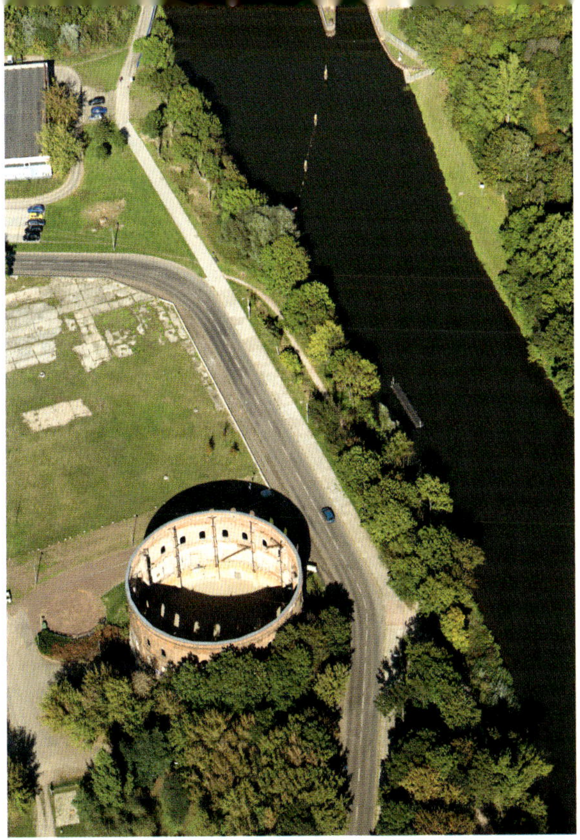

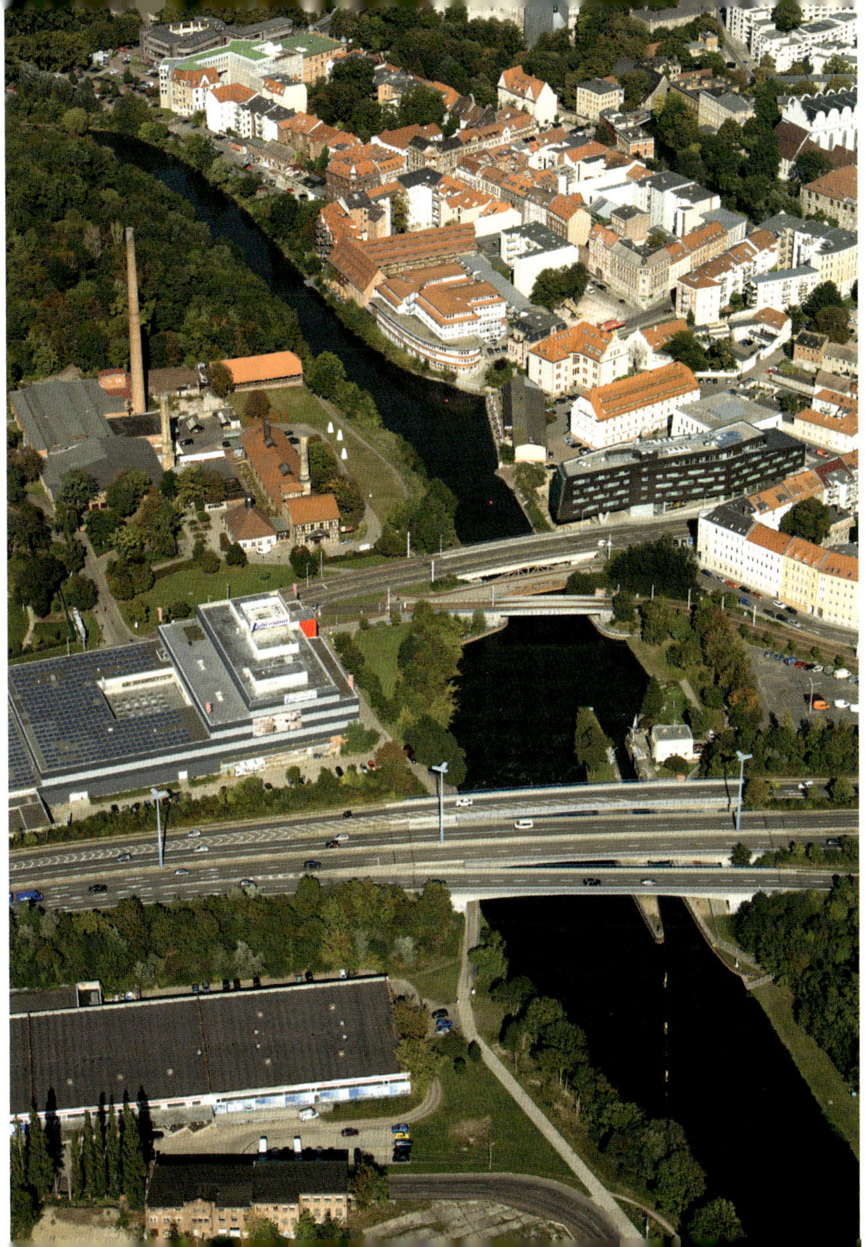

▲ Das alte Gasometer an der Saale

▶ Das Stadtwehr und die Saline sowie das Multimediazentrum in der Mansfelder Straße

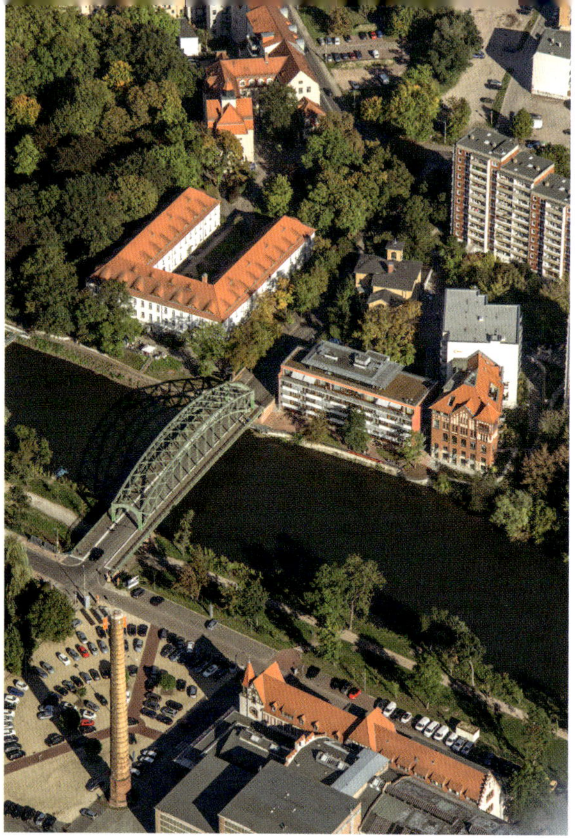

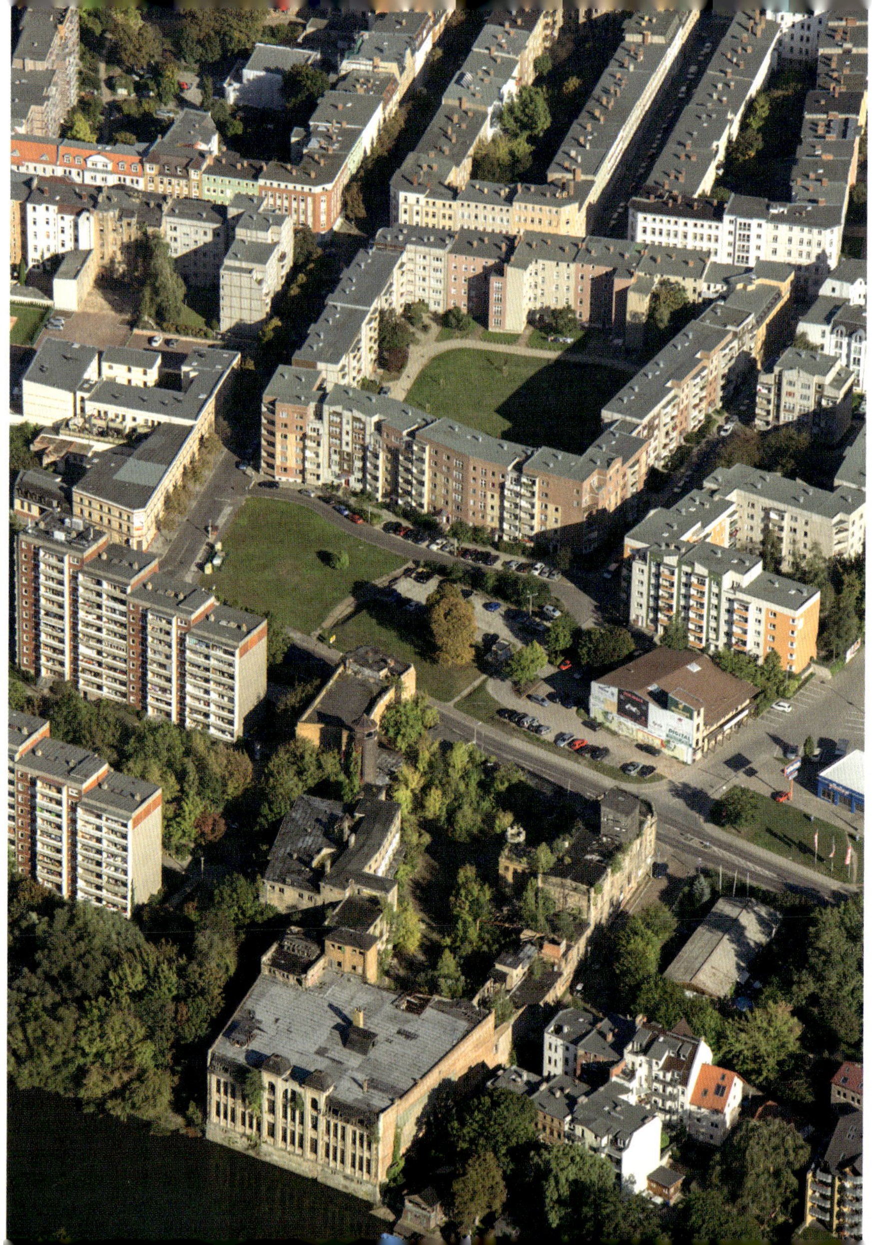

▲ Die Genzmer Brücke am Holzplatz

▶ Die alte Brauerei im Böllberger Weg

▶ Blick über die südliche Innenstadt und die Franckeschen Stiftungen

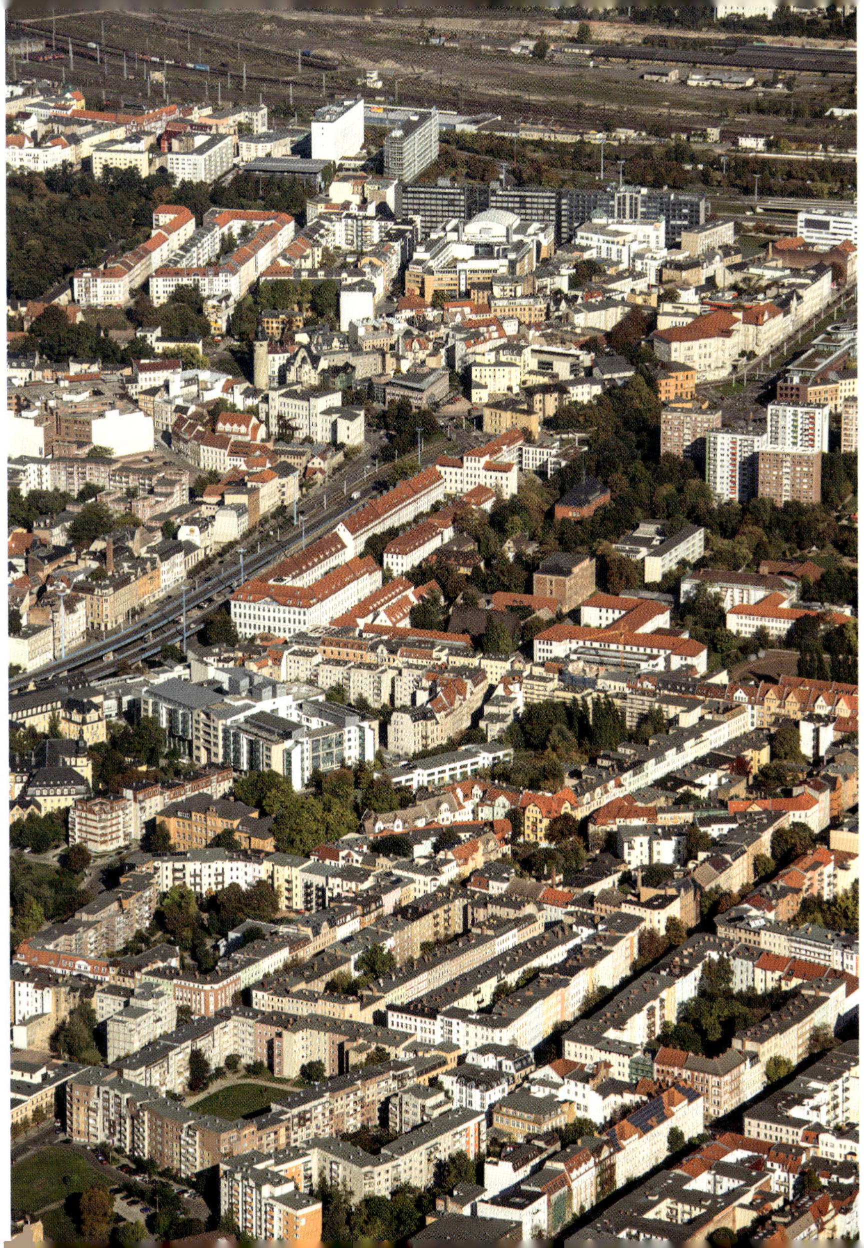

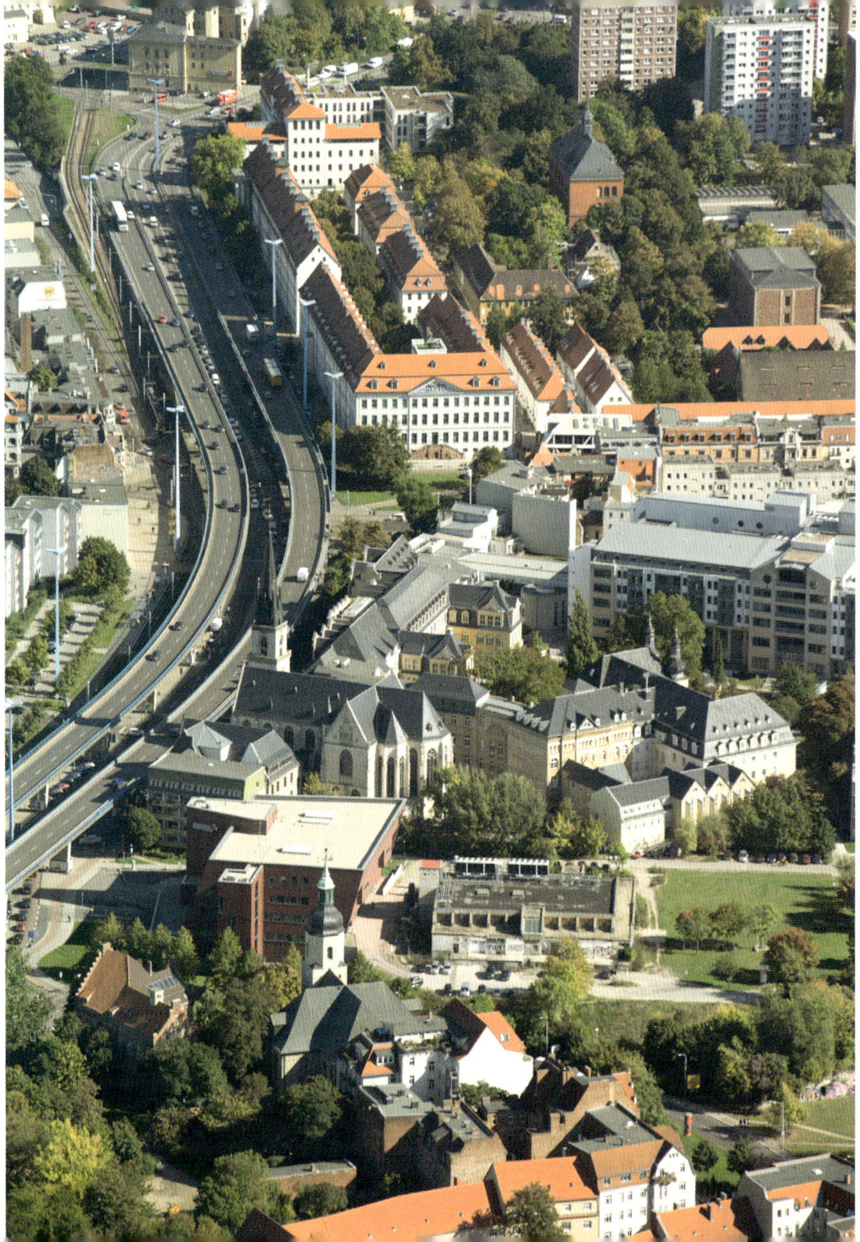

◄ St.-Georgen-Kirche, St.-Elisabeth-Kirche, Elisabeth-Krankenhaus und Franckesche Stiftungen

▼ Hansering, Leipziger Turm, Waisenhausring

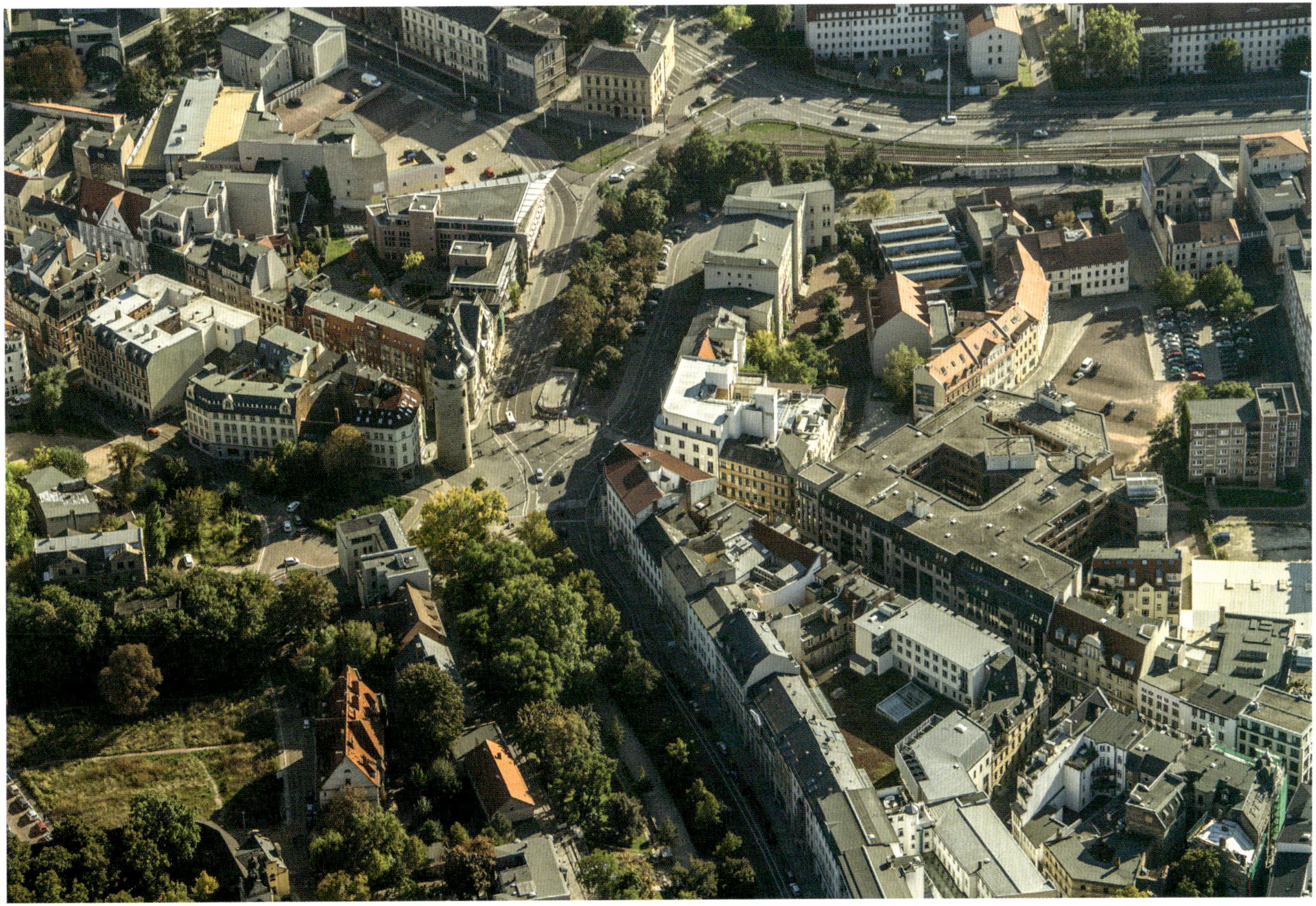

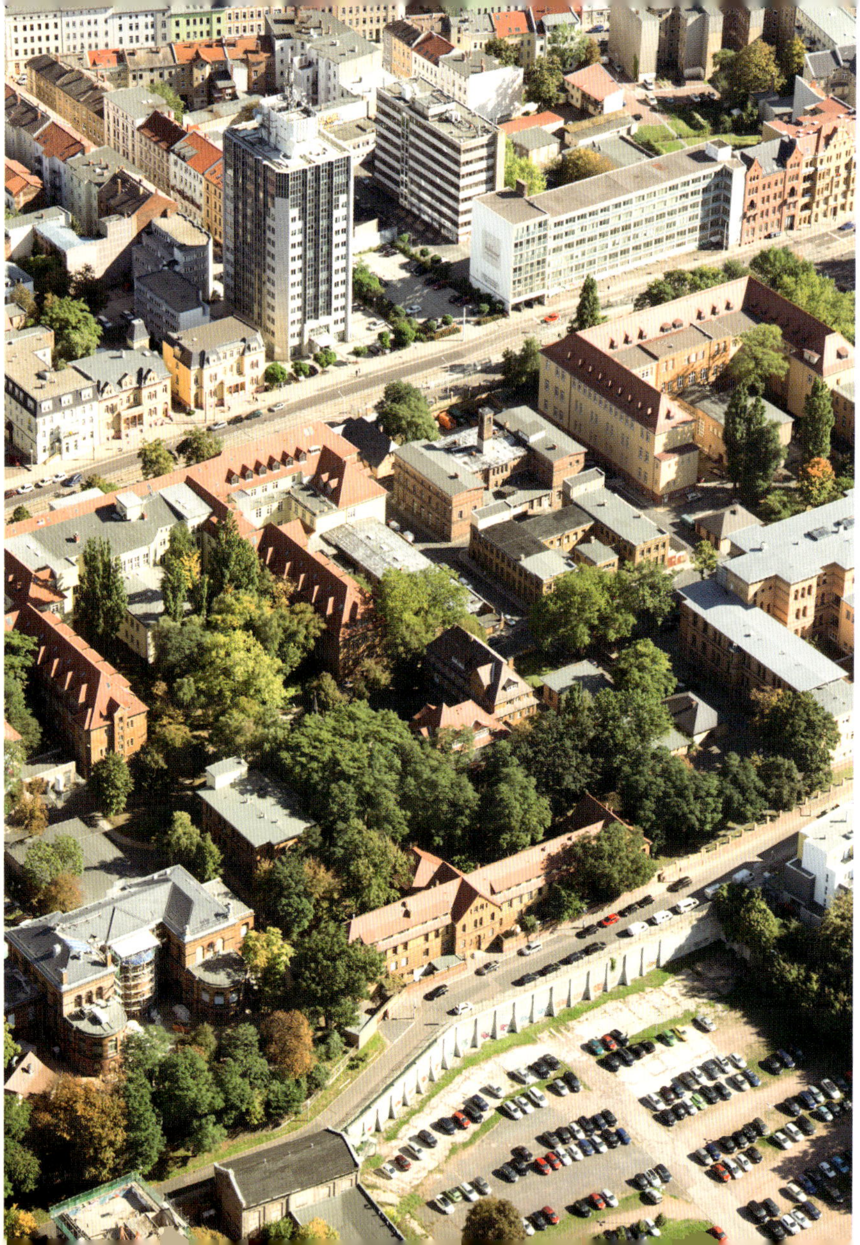

◄ Das Universitätsklinikum Halle und das Bürohochhaus »Halle Tower« in der Magdeburger Straße

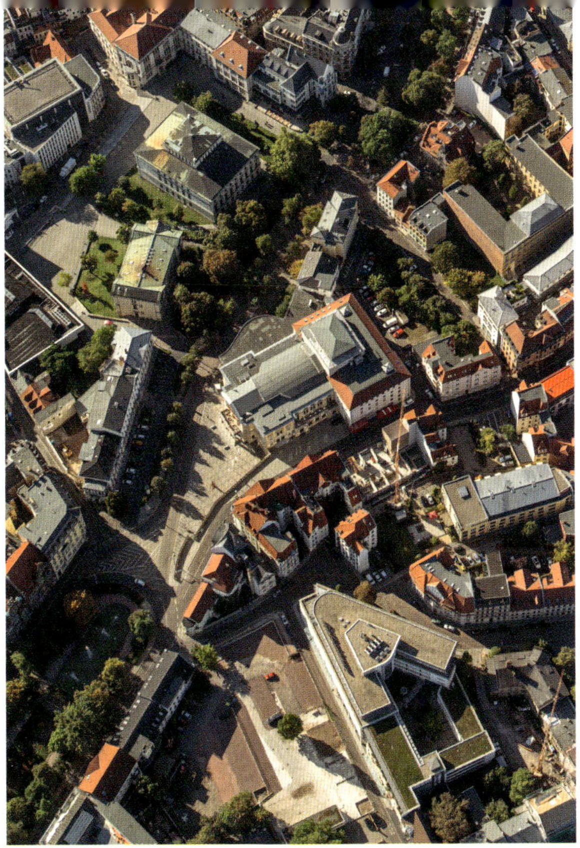

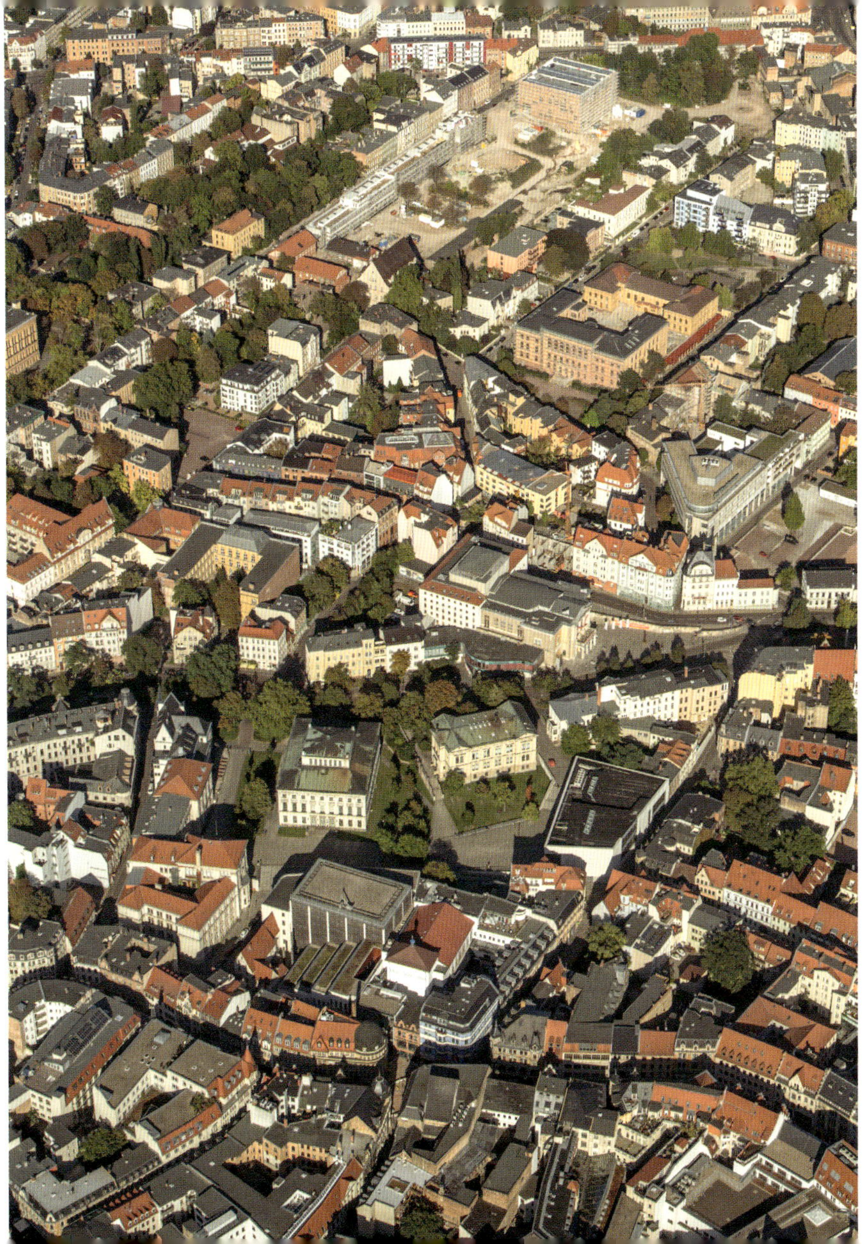

▲ Das Opernhaus

▶ Blick über die Innenstadt mit dem Universitätsring

▼ Der August-Bebel-Platz

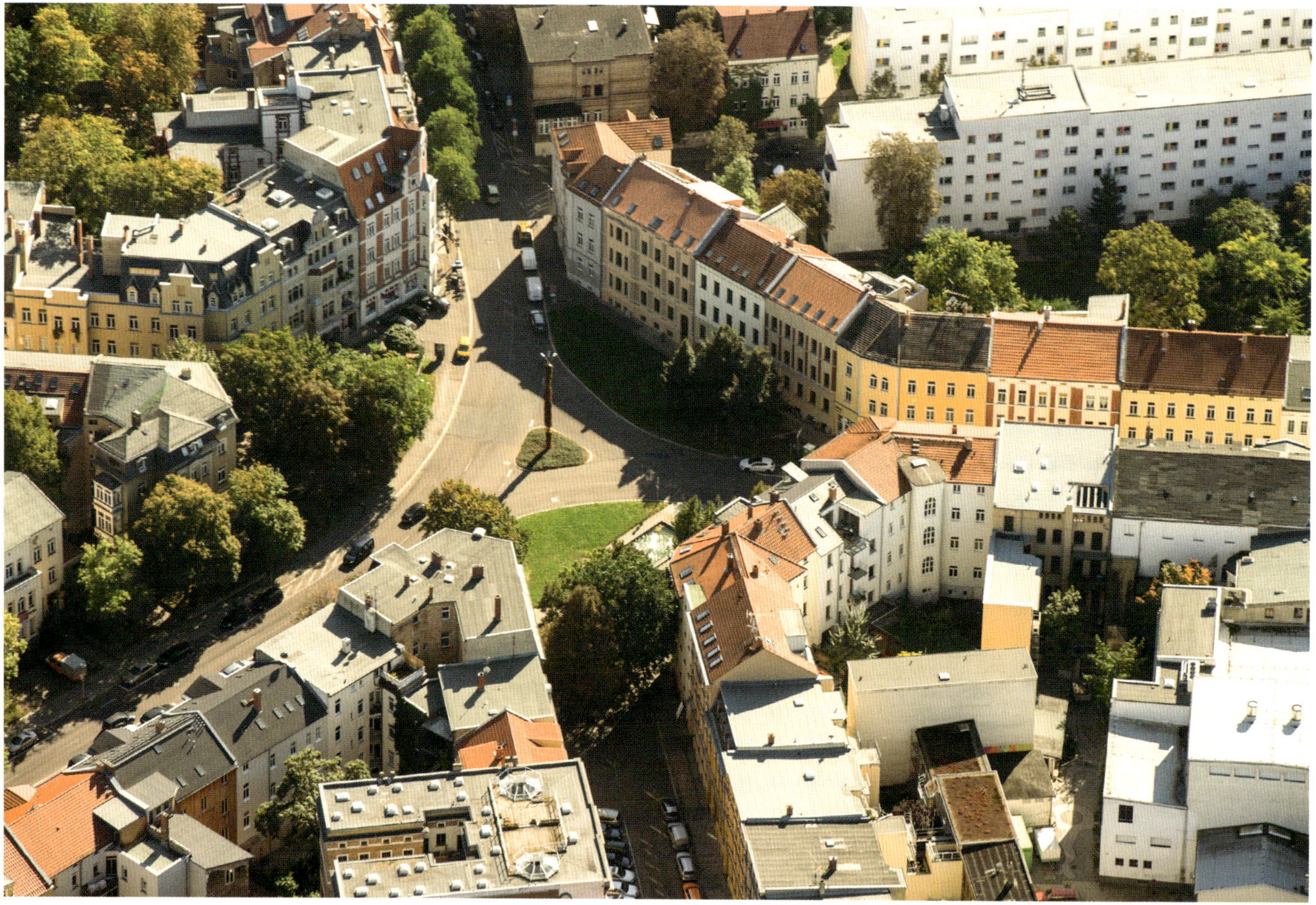

▸ Die Gedenkstätte »Roter Ochse«, Am Kirchtor

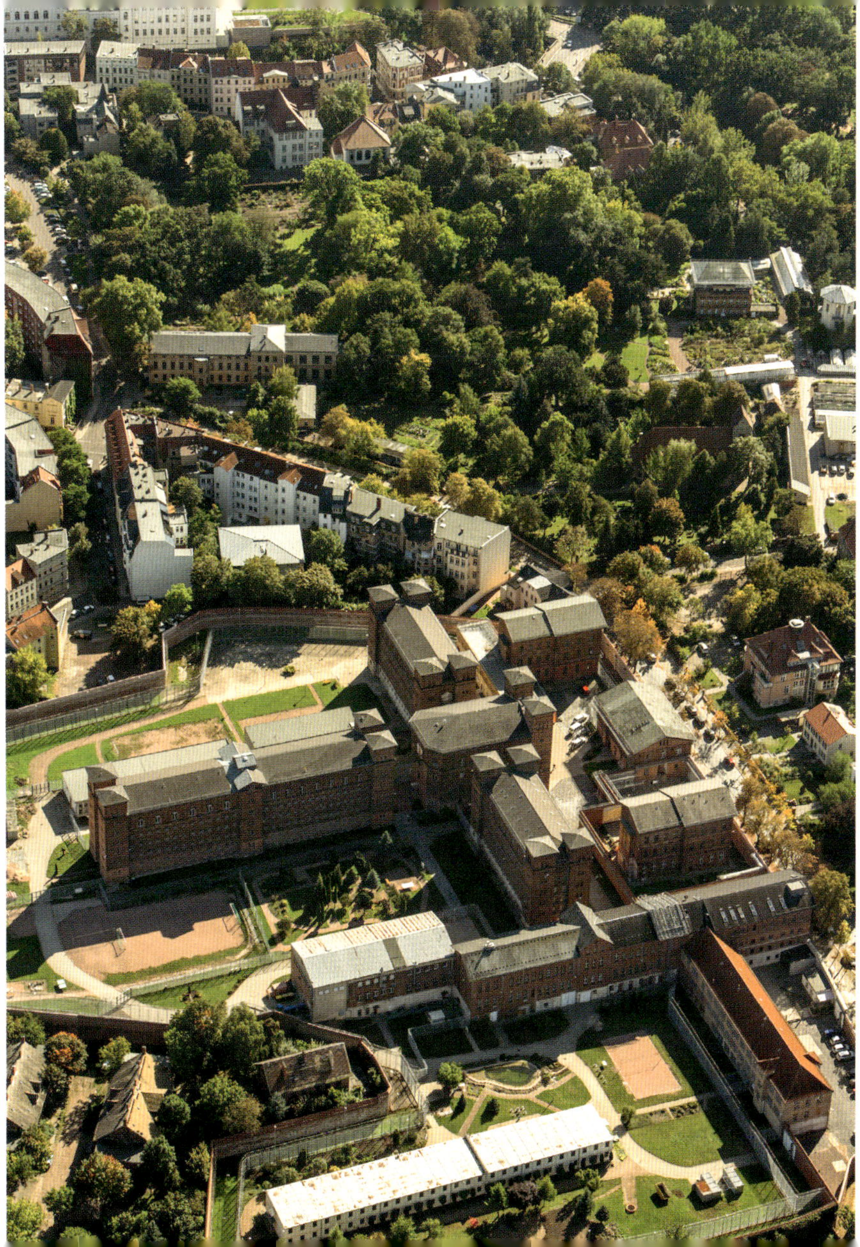

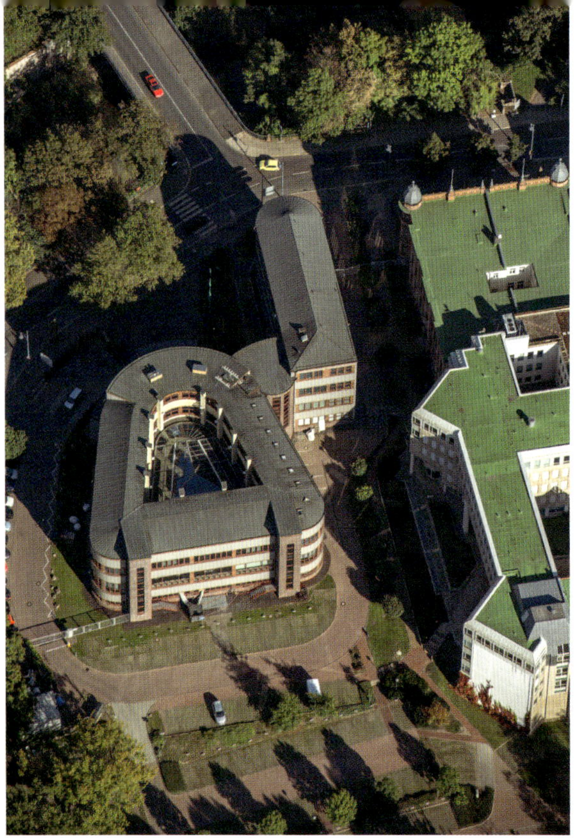

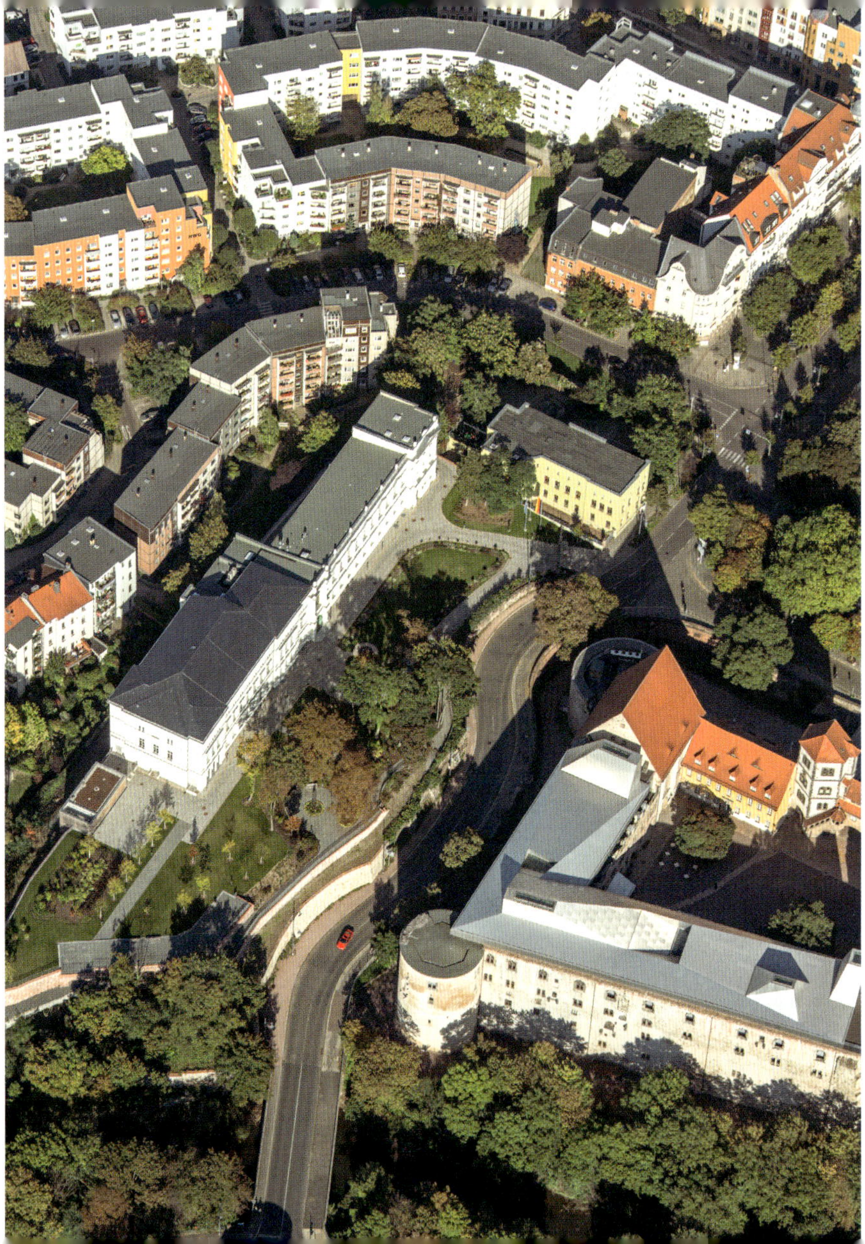

▲ Das AOK-Gebäude am Robert-Franz-Ring

▶ Das Kunstmuseum Moritzburg und das neue Hauptgebäude der Leopoldina

▼ Der Botanische Garten mit der Sternwarte (rechts)

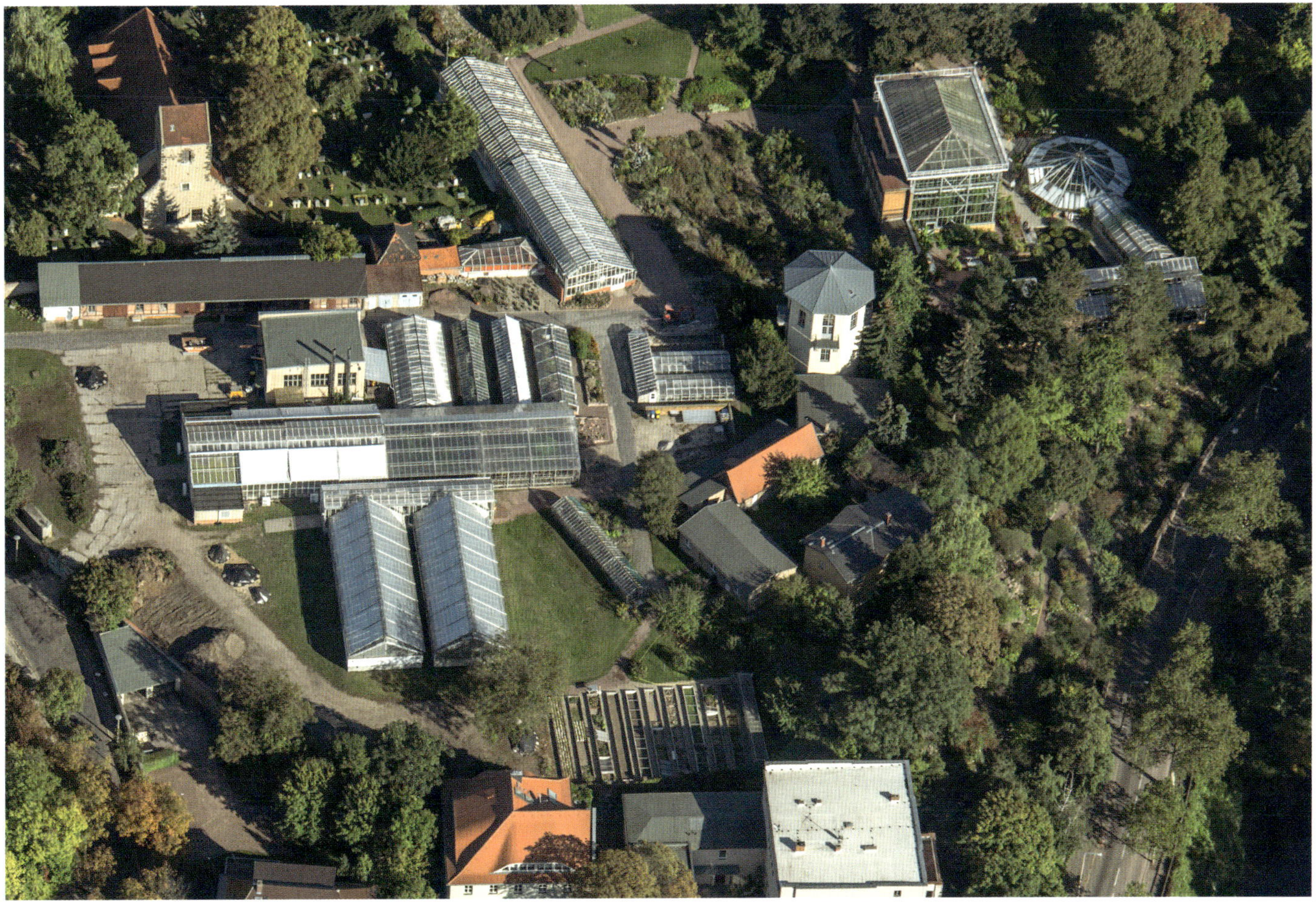

▼ Weidenplan und Universitätsring

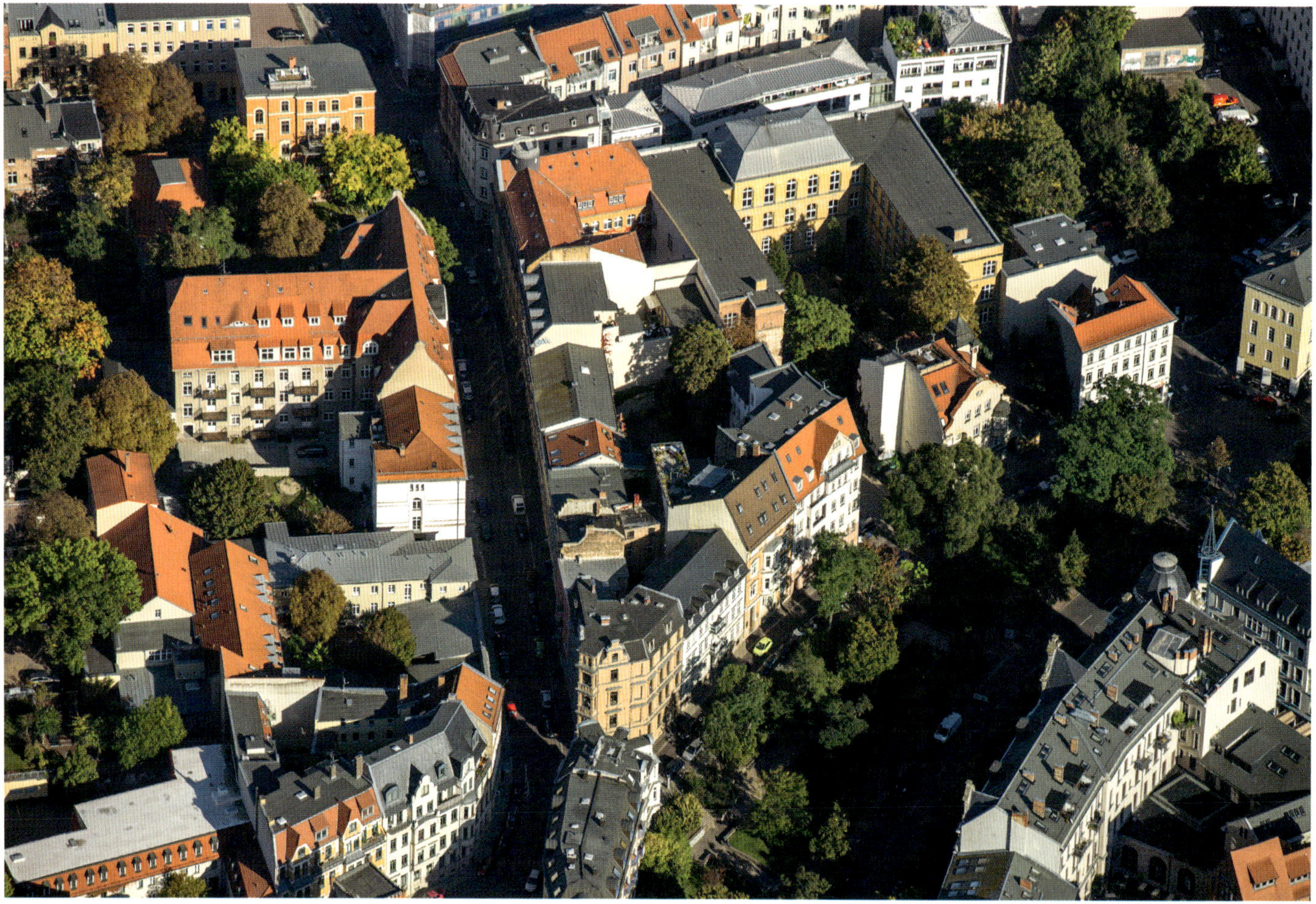

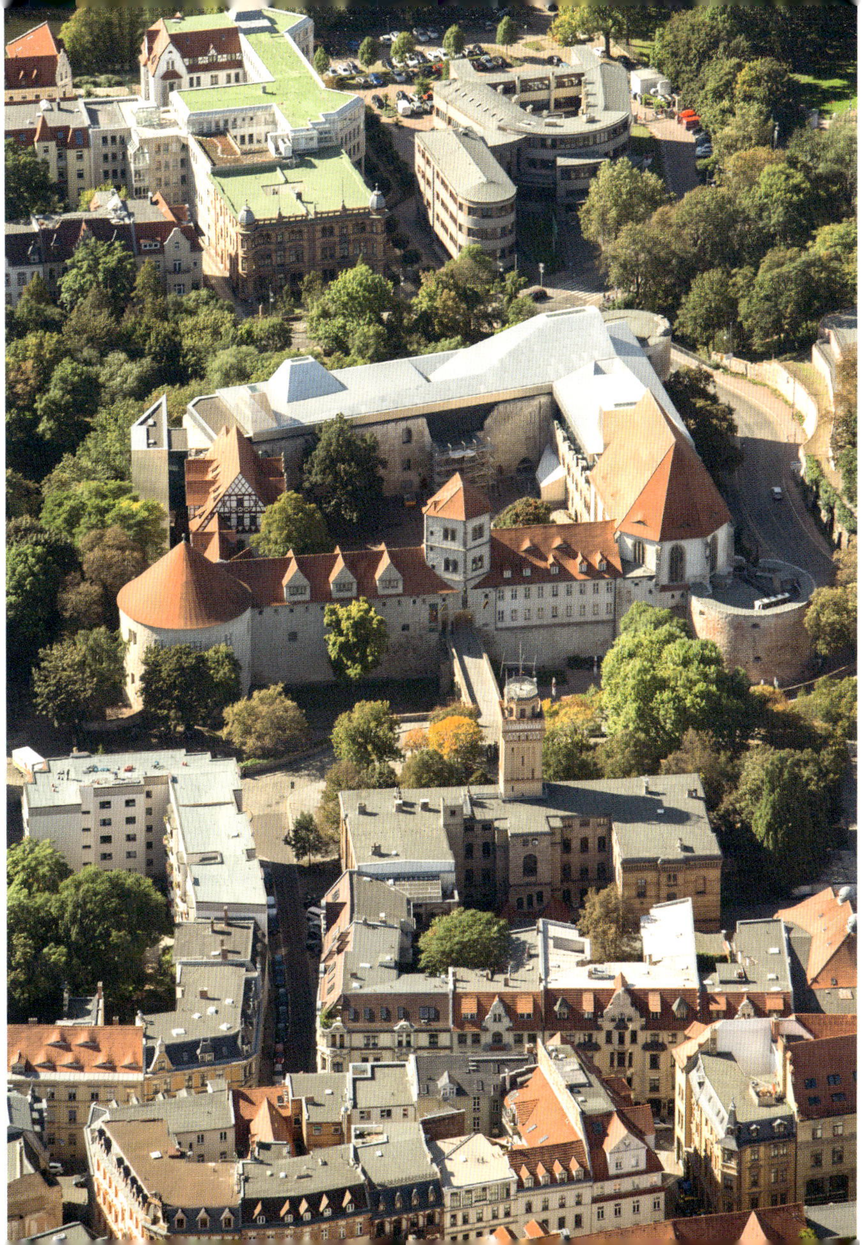

▶ Der Friedemann-Bach-Platz mit dem historischen Physik-institut und der Moritzburg

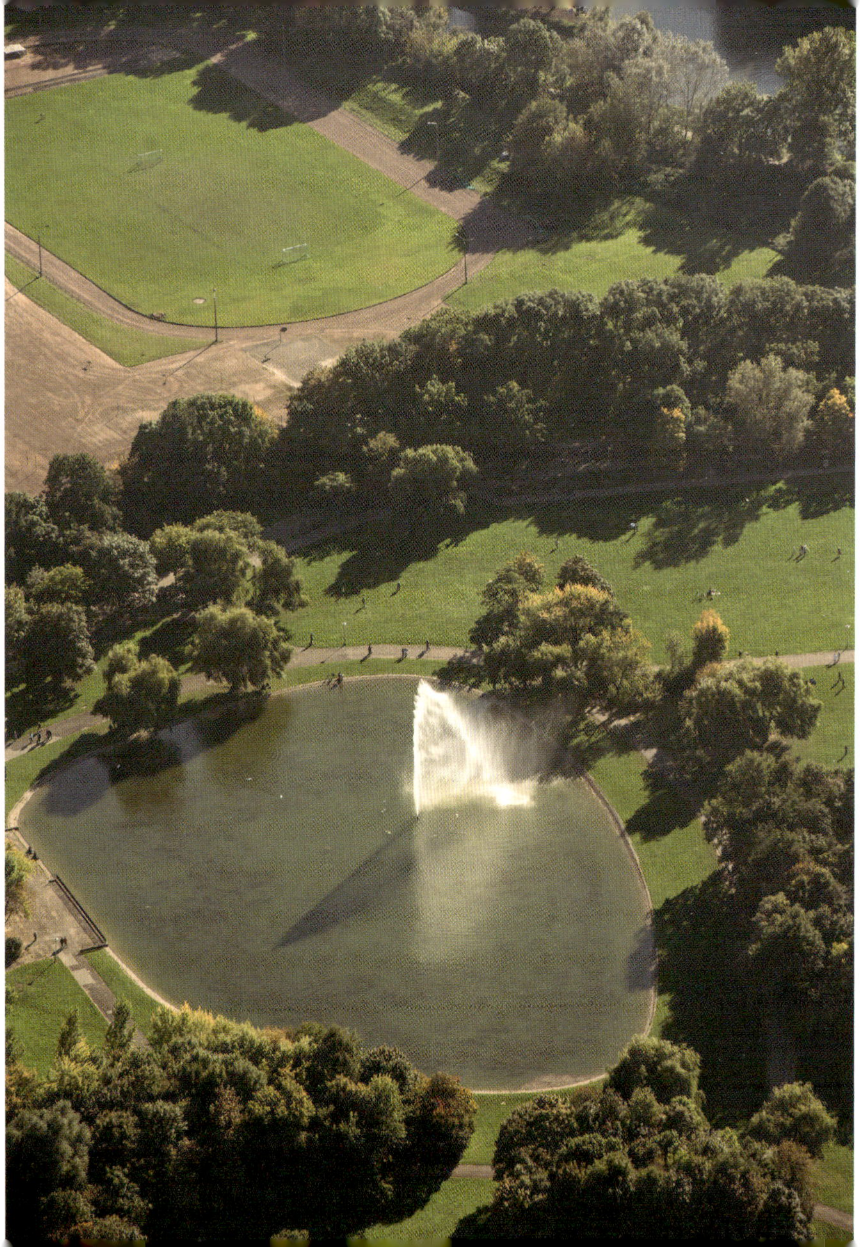

◂ Der Fontänenteich auf der Ziegelwiese

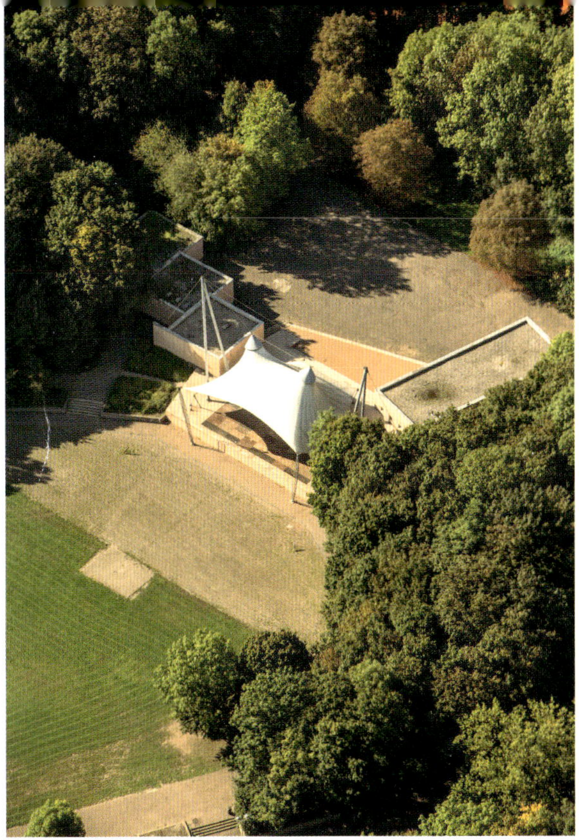

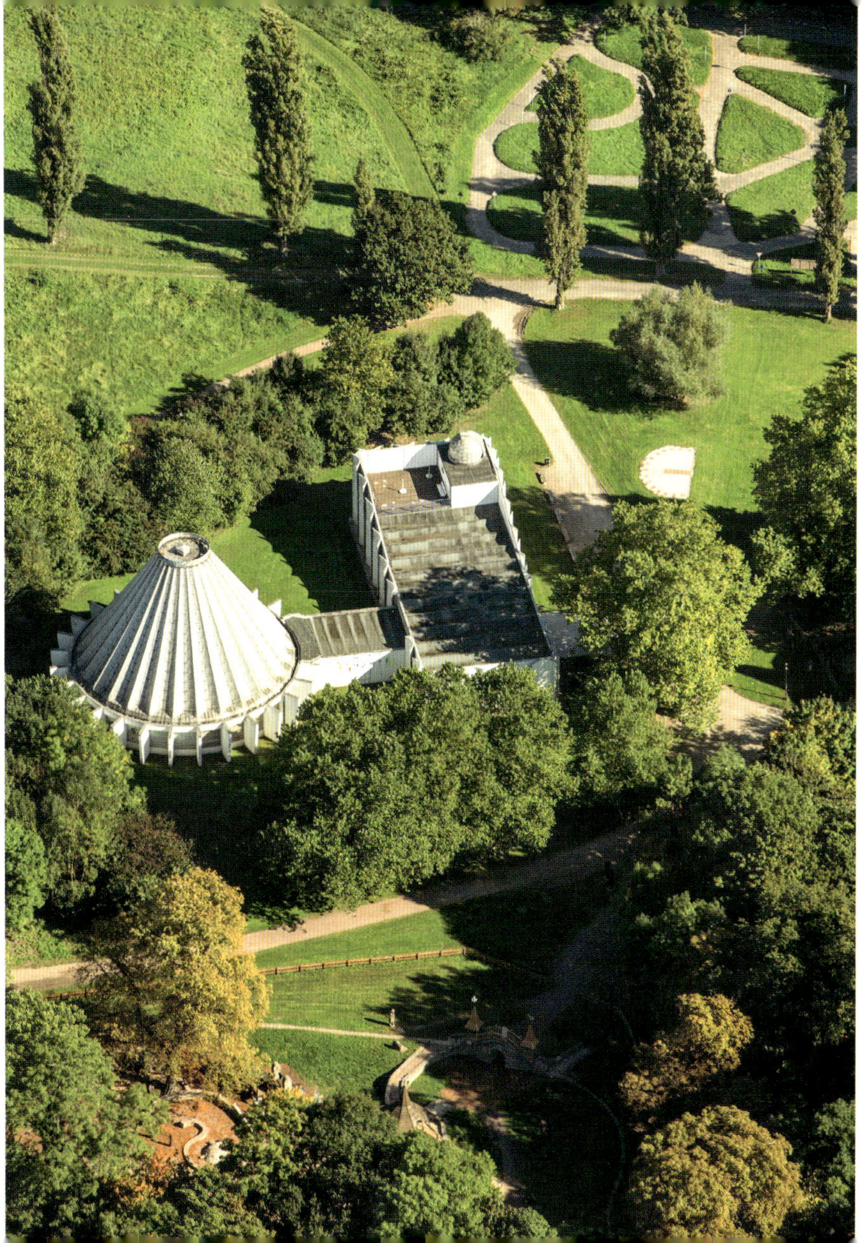

▲ Die Peißnitzbühne

► Das Planetarium und der Baschkirische Spielplatz auf der Peißnitzinsel

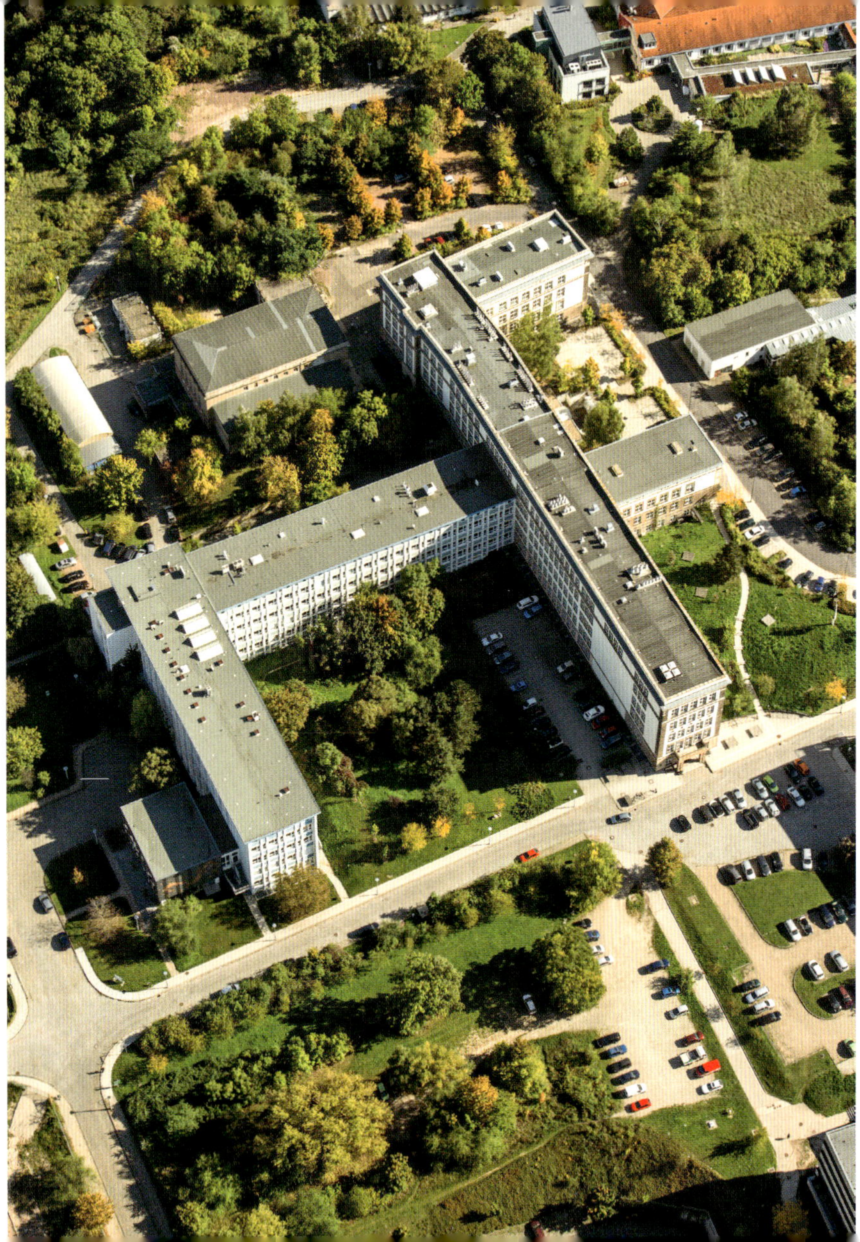

◂ Der Weinberg Campus der MLU mit den Instituten für Pharmazie und Chemie

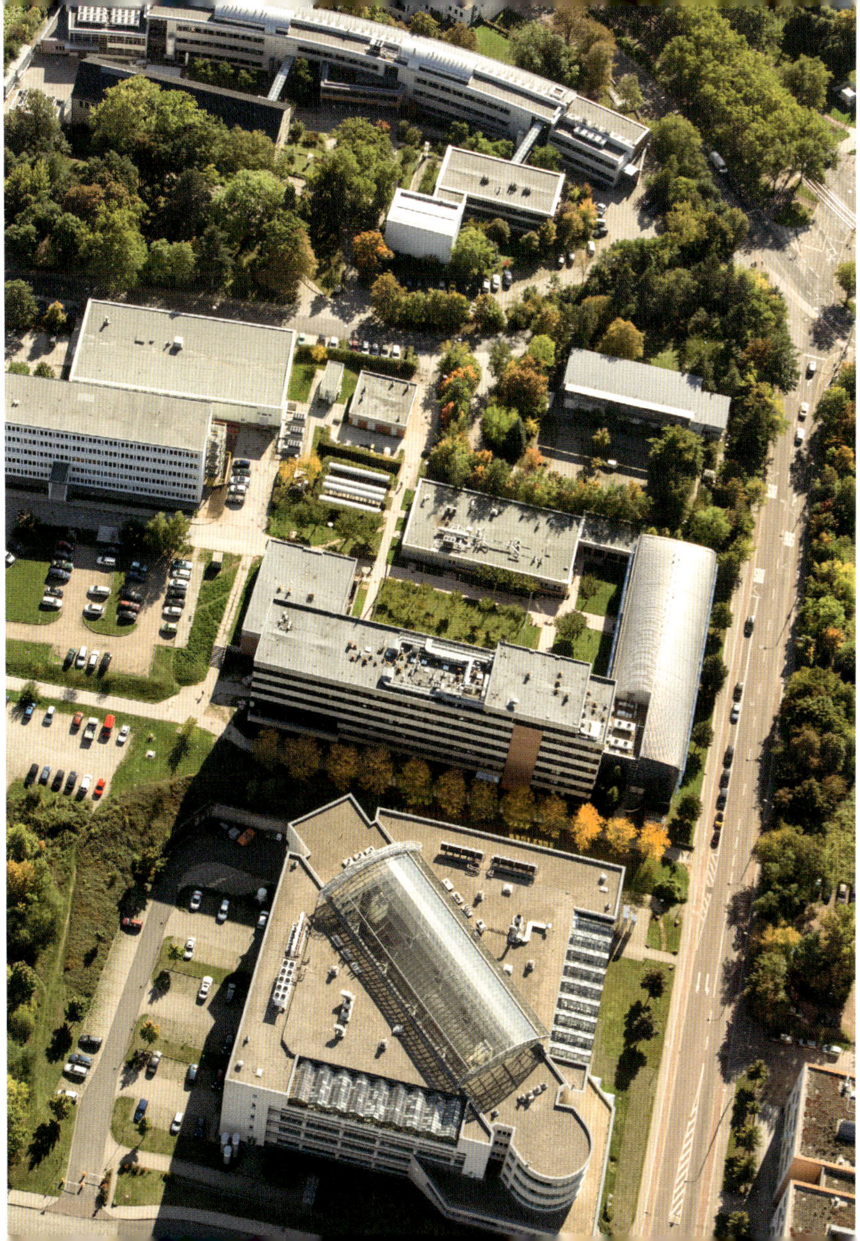

▸ Der Weinberg Campus der MLU mit dem Biozentrum

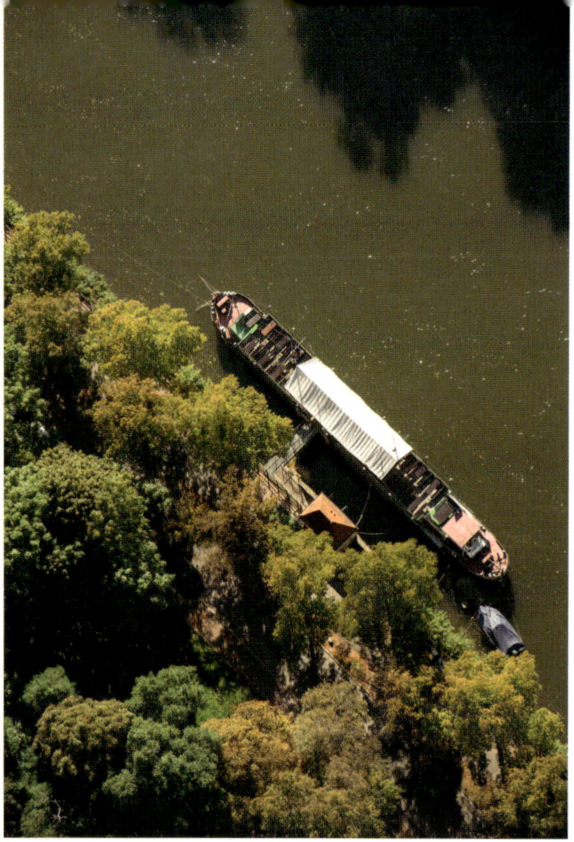

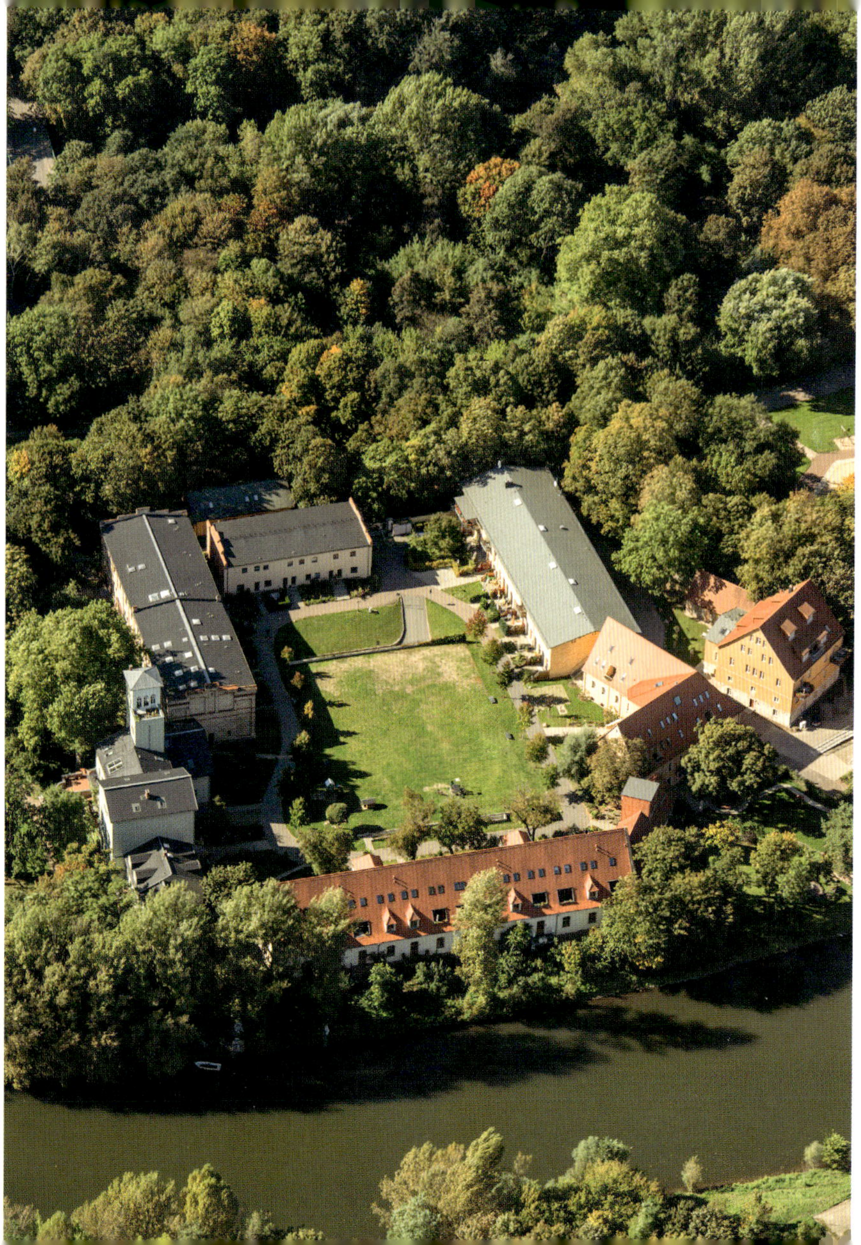

▲ Die Bootsschenke »Marie Hedwig« am Riveufer

► Das Gut Gimritz auf der Peißnitzinsel

▼ Die Sportanlage Sandanger in der Mansfelder Straße, dahinter der Gimritzer Damm

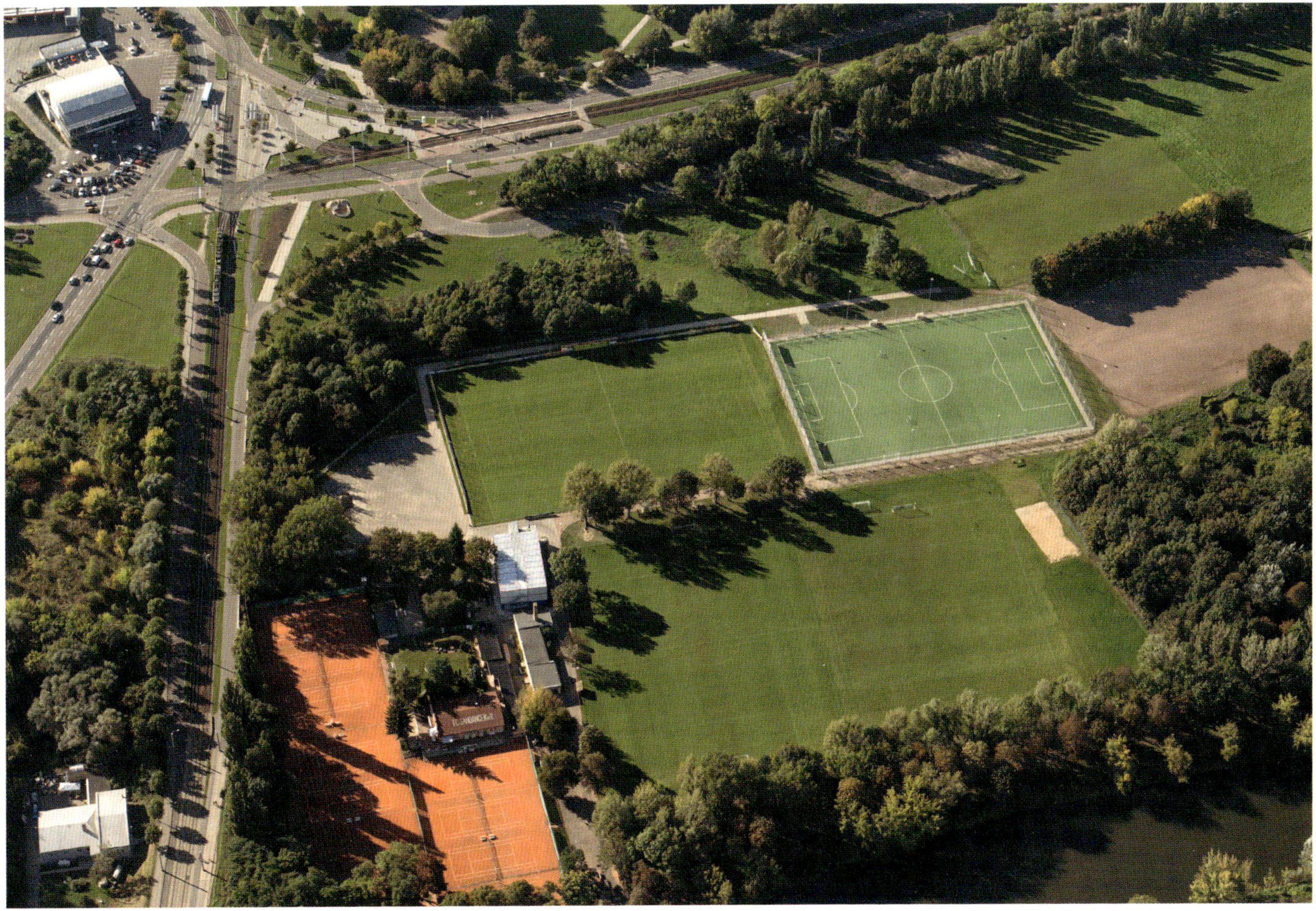

▼ Blick über den Glauchaer Platz in Richtung Halle-Neustadt, rechts die Moritzkirche, der Hallmarkt und die »Spitze«

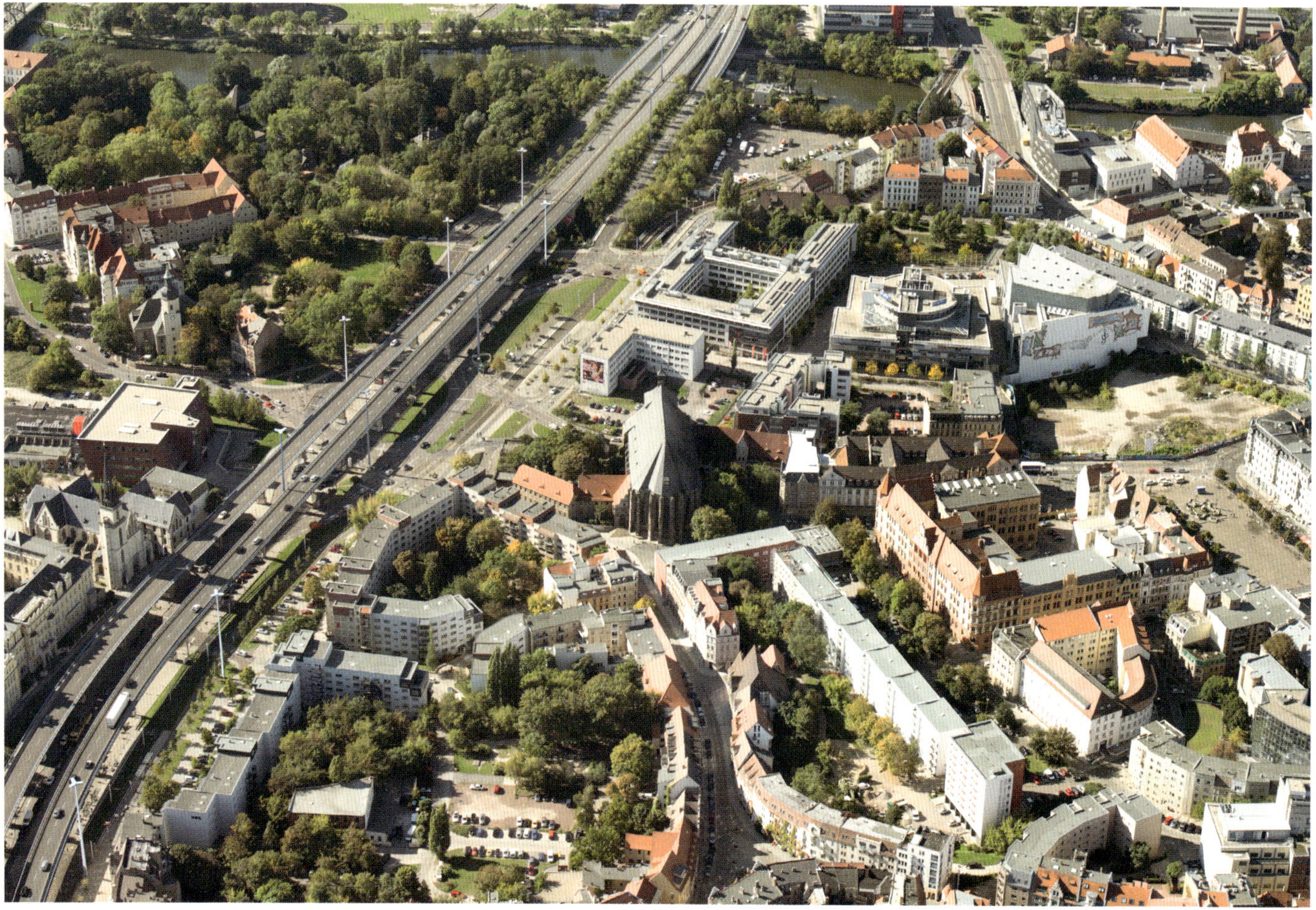

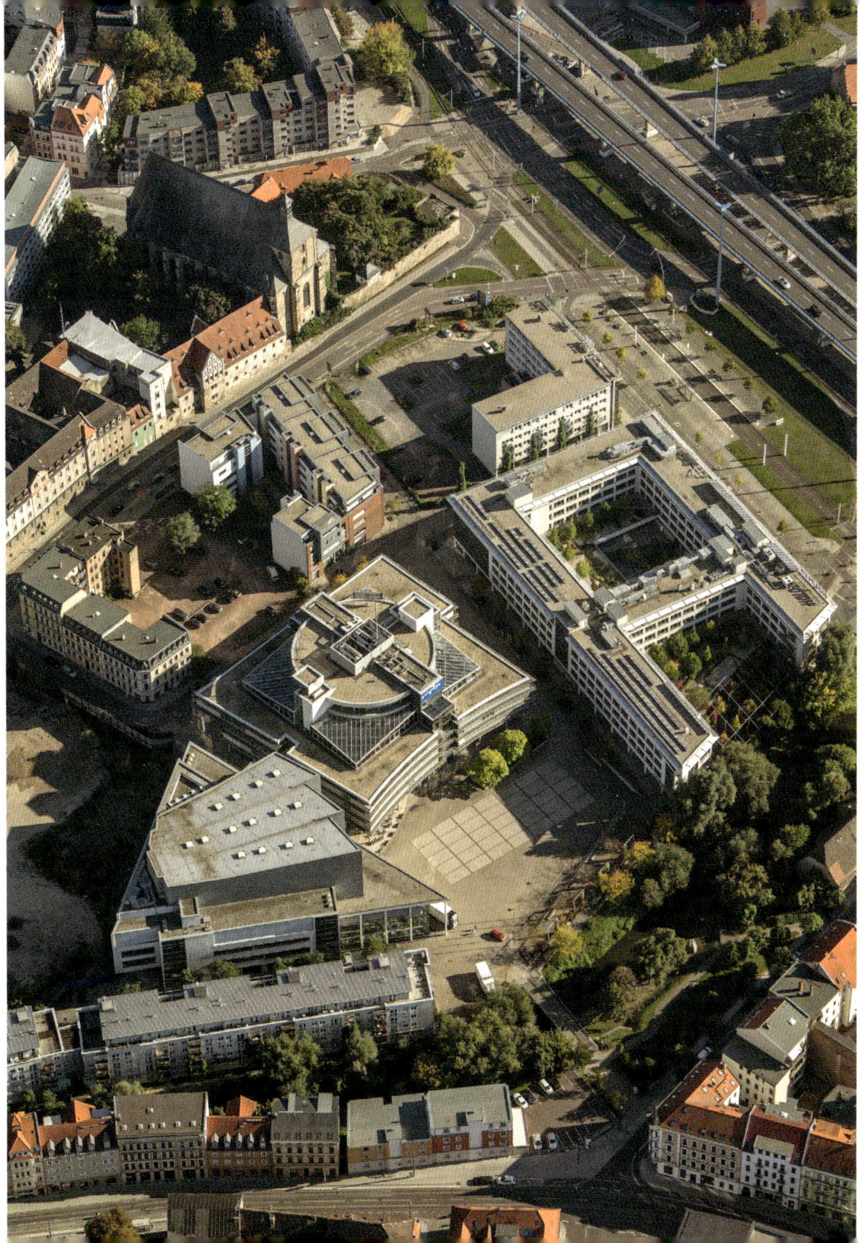

▸ Die Georg-Friedrich-Händel-Halle und das MDR-Funkhaus an der »Spitze«

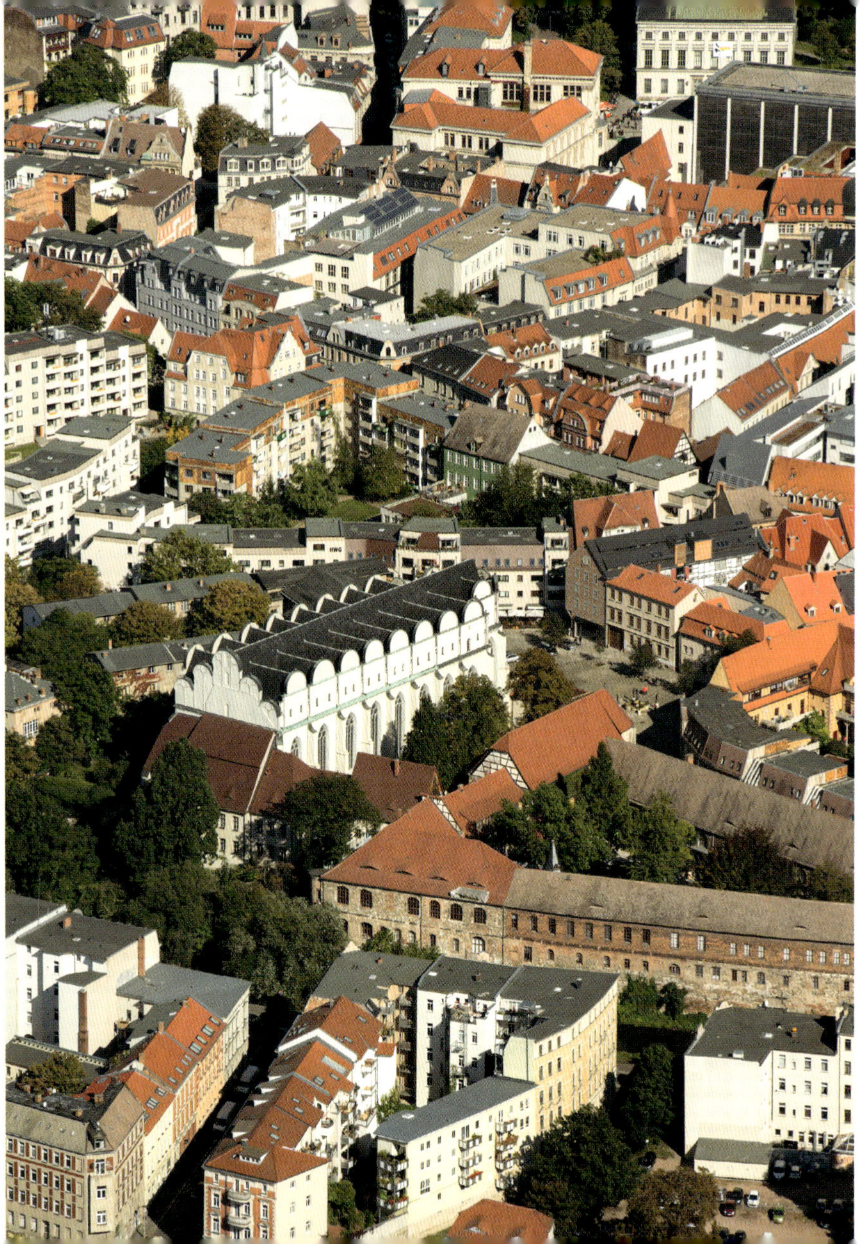

◂ Blick über die Neue Residenz und den Dom auf die Altstadt

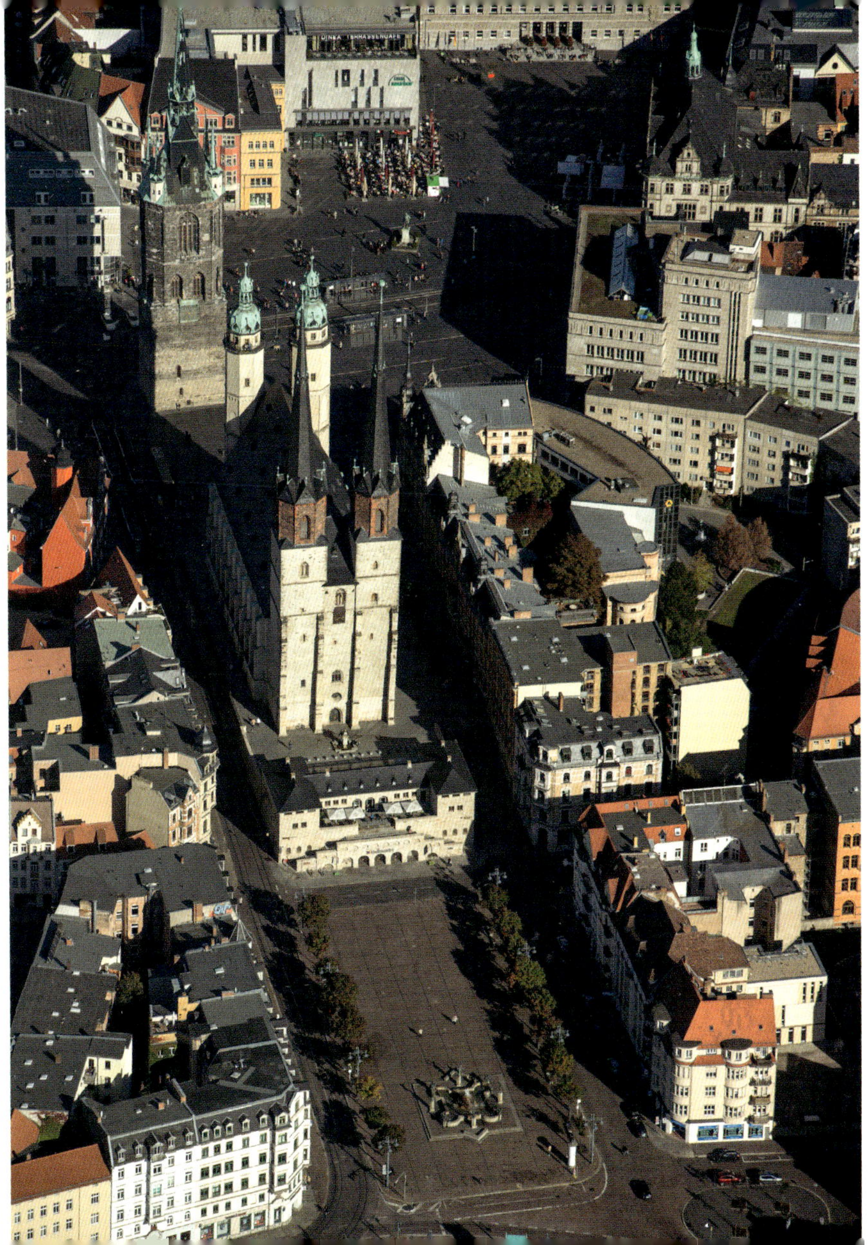

▶ Der Hallmarkt mit der Marktkirche

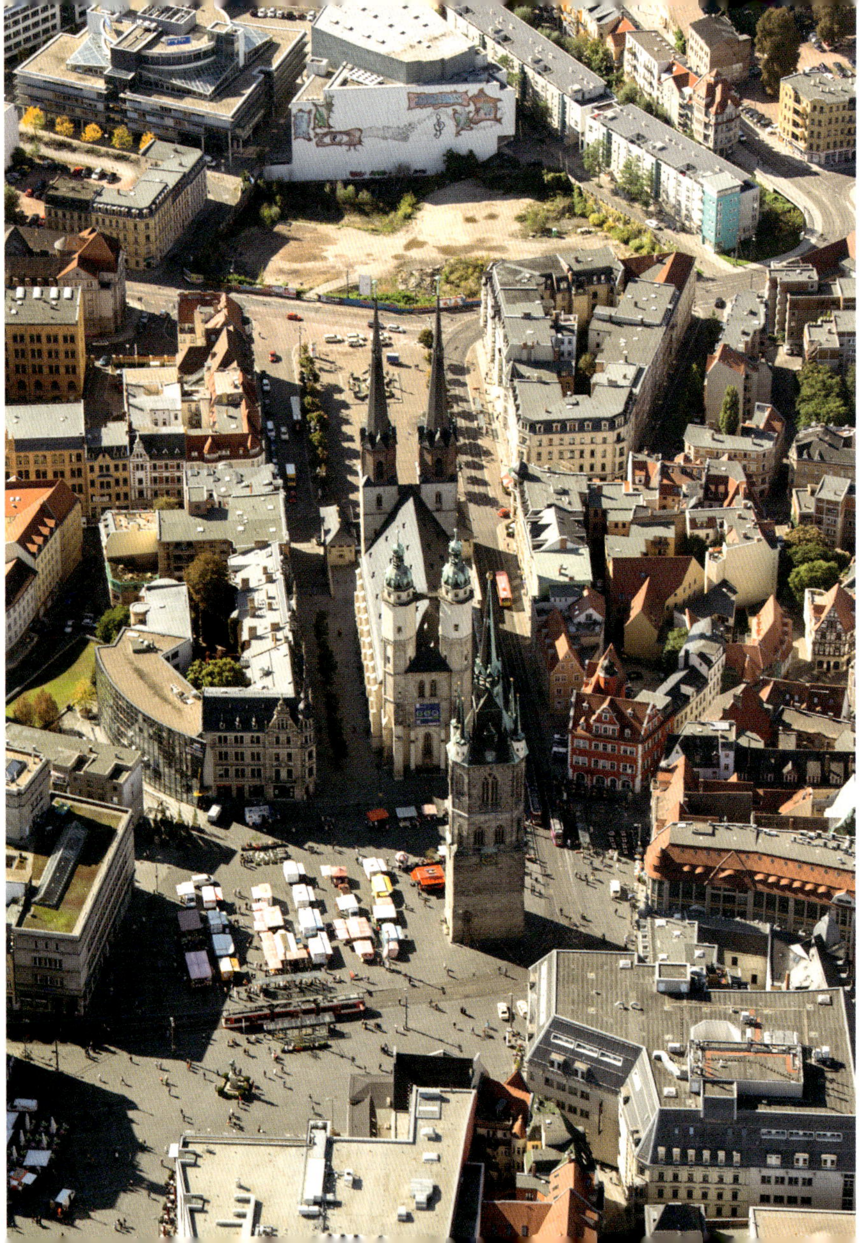

◂ Blick über den Marktplatz bis zur Baulücke an der »Spitze«

▼ Die 5-Türme-Silhouette der Stadt Halle

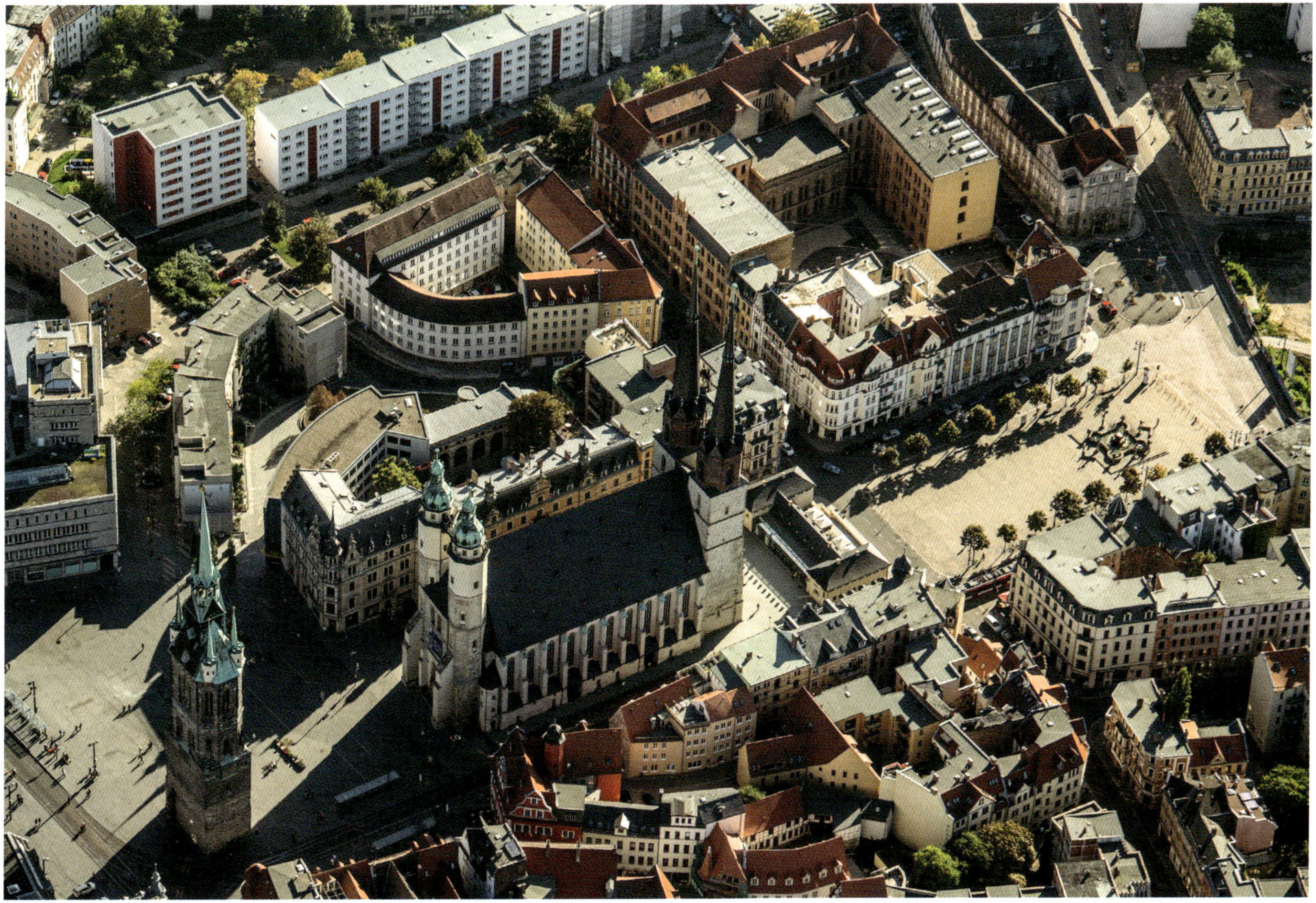

▼ Die Innenstadt mit der Großen Steinstraße im Zentrum

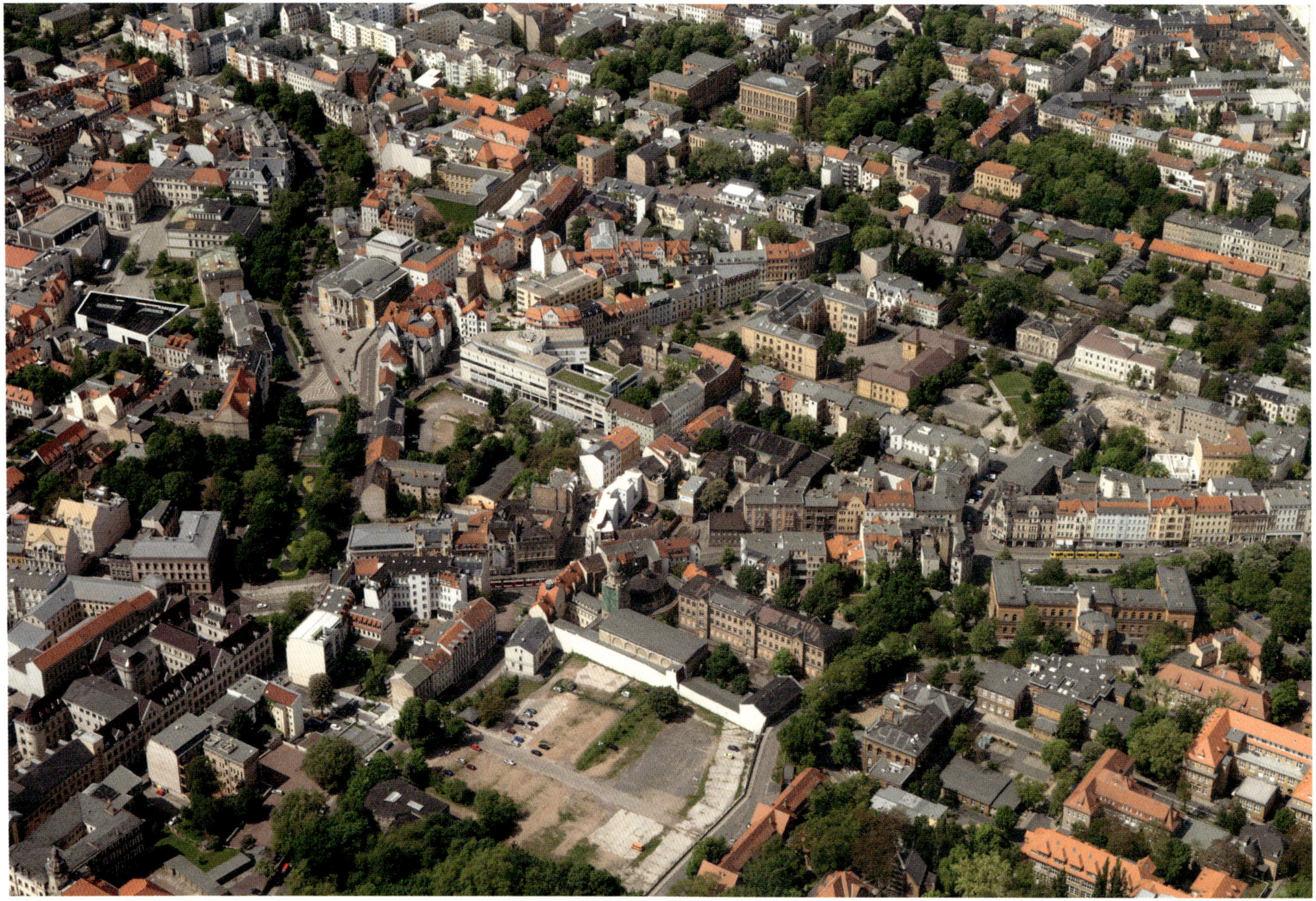

▾ Die Saale, die Salineinsel
und die Peißnitz

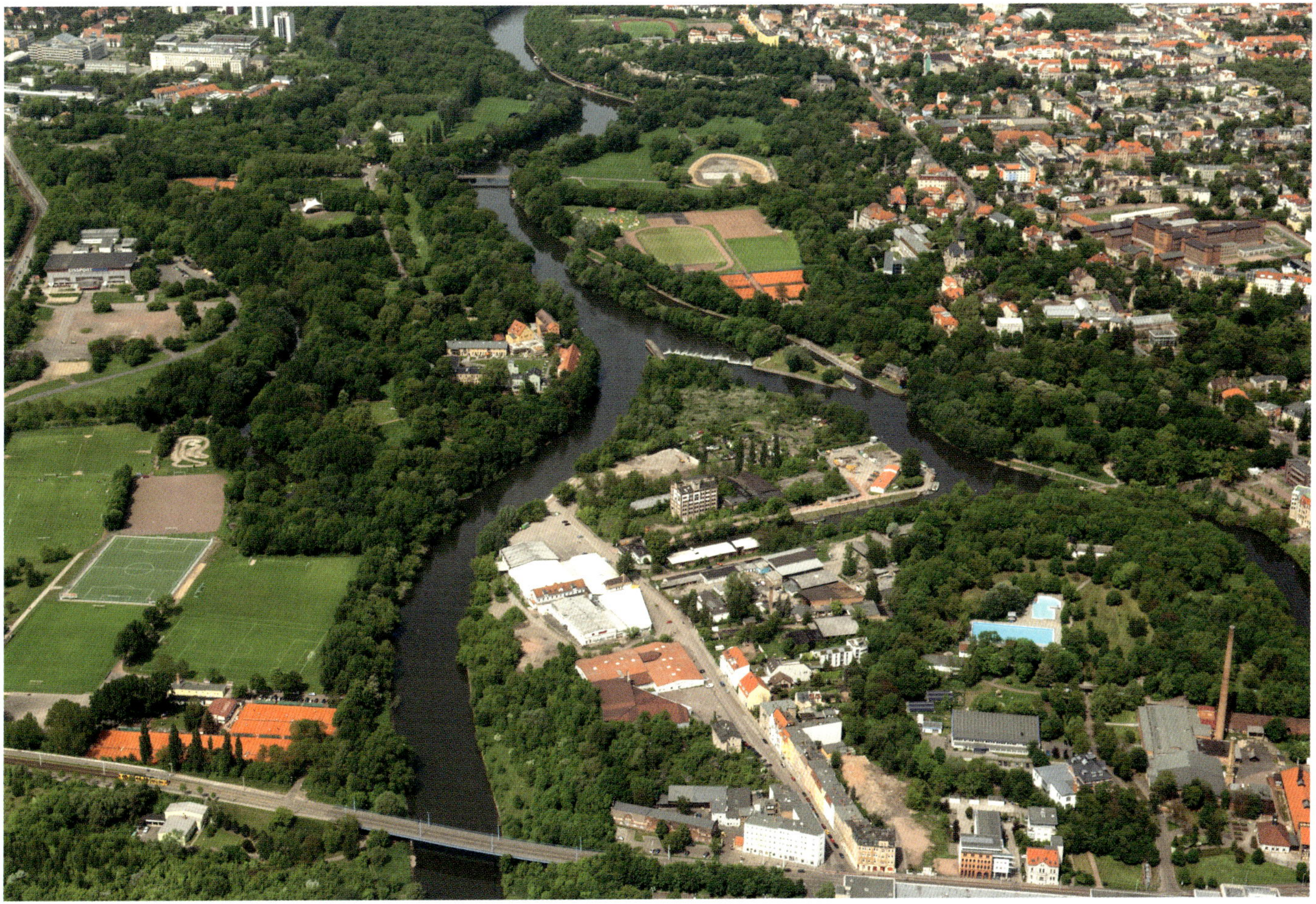

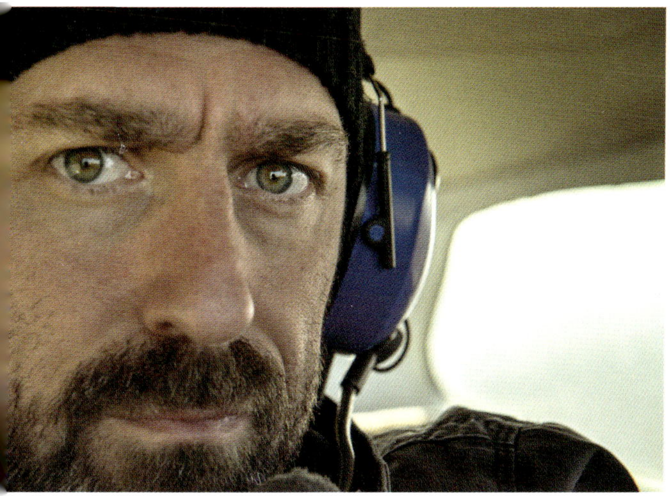

Marcus-Andreas Mohr, geb. 1971 in Lutherstadt Eisleben, wohnt seit vierzig Jahren in Halle. Als Fotograf hat er ein breites Œuvre von der Stadt geschaffen, die er gerne seine Heimat nennt. Mohr hat an der Kunsthochschule Halle Design studiert. Mit seiner Frau und seinen drei Kindern lebt und arbeitet er als Fotograf und Mediengestalter in vielen Bereichen des öffentlichen Lebens der Saalestadt. Mit Ausstellungen und Medienprojekten war er in den Goethe-Instituten Dresden, Bonn und in St. Petersburg (Russland) sowie im Haus der Kulturen Friedrich Schiller in Bukarest (Rumänien) und an der Deutsch-Kasachischen Universität in Almaty (Kasachstan) vertreten. Seine Arbeiten wurden u. a. im Landtag Sachsen-Anhalt ausgestellt und er wurde für den Kunstpreis der Stiftung Kunst und Kultur der Stadtsparkasse Magdeburg nominiert. Die Luftbildfotografie stellt für ihn nach wie vor eine große Herausforderung dar – gerade weil es für ihn als Gestalter besondere Bedingungen sind, ein Bild zu komponieren und das Wesentliche zu erfassen. Nicht zuletzt sieht er in diesen Fotografien auch einen wesentlichen Beitrag zur Geschichte der Stadtentwicklung.

www.marcus-andreas-mohr.de

Umschlagfoto vorn: Die 5-Türme-Silhouette der Stadt Halle
Umschlagfoto hinten: Rennbahnkreuz mit Punkthochhäusern eingangs der Magistrale

www.mitteldeutscherverlag.de

Gesamtherstellung: Mitteldeutscher Verlag, Halle (Saale)

ISBN 978-3-95462-448-5

Printed in the EU